Juventud y autoridad

ROSANE CASTILHO

Juventud y autoridad

Consideraciones sobre el sujeto de la autoridad para la juventud contemporánea

teseo

UEG
UNIVERSIDADE ESTADUAL DE GOIÁS

Castilho, Rosane
Juventud y autoridad: consideraciones sobre el sujeto de la autoridad para la
juventud contemporánea. - 1a ed. - Buenos Aires : Teseo, 2011.
226 p. ; 20x13 cm. - (Educación)
ISBN 978-987-1859-00-9
1. Estudios Culturales. 2. Educación. I. Título
CDD 306

UNIVERSIDADE ESTADUAL DE GOIÁS

teseo

© Editorial Teseo, 2011

Buenos Aires, Argentina

ISBN 978-987-1859-00-9

Editorial Teseo

Hecho el depósito que previene la ley 11.723

Para sugerencias o comentarios acerca del contenido de esta obra,
escríbanos a: info@editorialteseo.com

www.editorialteseo.com

Para Andressa, João y Victoria,
mi universo particular.

En la educación, la responsabilidad con respecto al mundo adopta la forma de autoridad. La autoridad del educador y las calificaciones del profesor son la misma cosa. Aunque una medida de calificación es indispensable para tener autoridad, la calificación más alta posible nunca genera autoridad por sí misma. La calificación del profesor consiste en conocer el mundo y en ser capaz de darlo a conocer a los demás, pero su autoridad descansa en el hecho de que asume la responsabilidad con respecto a ese mundo.

Hannah Arendt

ÍNDICE

INTRODUCCIÓN

La temática de la autoridad ha suscitado una vasta producción teórica, pero el modo como la autoridad es vivida y reconocida varía de acuerdo con el momento histórico, político, social y religioso, siendo así datada y construida históricamente. Afirmar que el concepto y la vivencia de la autoridad están conectados a un tiempo específico significa sustentar la idea de que no es algo natural, inherente al sujeto o experimentado de manera similar por sujetos de un mismo tiempo histórico. Además, es necesario comprender cuáles son las creencias, los juicios morales y emocionales que concurren para la elección de los modelos de identificación.

La propuesta de trabajar esta temática surgió del hacer profesional de esta investigadora, profesora de Psicología de la Universidad Estadual de Goiás y coordinadora de extensión de la misma institución. Como coordinadora de extensión, una de las perspectivas de actuación fue con jóvenes en situación de delito y bajo la tutela del Estado. El trabajo consistía en subsidiar los operadores de la ley acerca de las condiciones psicológicas de los jóvenes y sus posibilidades de retorno al convivio social, teniendo por metodología las entrevistas semiestructuradas donde se podrían evaluar las condiciones de reinserción de los jóvenes en la familia y en la escuela. A lo largo de tres años actuando con esta población se puede concluir que la reinserción de los jóvenes en el mundo social se mostraba precaria en función de una insuficiencia, presentada por ellos, en la aceptación de la ley instituida y débilmente sustentada por las organizaciones sociales vigentes.

Durante el trabajo de extensión universitaria se pudo percibir que las figuras de identificación presentadas por ellos eran, en general, los ídolos mediáticos (por la

concepción de fama), los jugadores de fútbol (por la fortuna
acumulada), los jefes del tráfico de drogas (por el poder
de mando). Las figuras parentales no eran citadas como
posibles elementos de identificación; tampoco las figuras
representativas del universo educativo. La hipótesis planteada trabajaba alrededor de la idea de que la sociedad de
consumo dictaba los modelos con base en la capacidad
de acumulación de capital económico, y que los jóvenes
investigados, para alcanzar el "estatus" de consumidores
o de detentores de los objetos representativos de un espacio en el mundo del consumo, se prestarían a cualquier
"servicio". Las figuras representativas del universo familiar,
educativo y religioso, desproveídas de capital económico,
no se revelaban a ellos como personas representativas del
ideal, de ahí sus severas dificultades de retorno al universo
familiar, donde la figura prominente era la madre. El pensamiento reflexivo, como representante de un trabajo, un
esfuerzo psíquico, para la población investigada no parecía
un ejercicio posible, sea por un aparente desinterés, sea
por una también aparente incapacidad personal.

Así se empieza a tejer este trabajo, por la vía de la indagación del presupuesto de que en la contemporaneidad
la idea de la autoridad se presenta interrogada, debilitada
y hasta desencarnada. Se cuestionan los discursos que reclaman su forma habitual asociada a un orden jerárquico, o
la contradictoria jerarquía interna observada en el sistema
escolar contemporáneo (Bourdieu, 1988), más allá de una
vertiente socialmente establecida en la cual los lugares
determinados de manera vertical sustentan el poder del
más fuerte sobre el más débil. La caída del modelo de sociedad representativa del orden y de la integración produce
una crisis: al subrayar la decadencia del molde antiguo no
presenta nuevos modelos o caminos, incentivando así la
creación de identidades aisladas, cerradas sobre sí mismas
(Touraine, 1999).

Hablar de autoridad es hablar de lazos socialmente construidos, de relaciones presentes en los campos: familiar, religioso, educacional, y en el límite, en todos los espacios de convivencia del sujeto. Luego, en esta relación asimétrica, se entrelazan subjetividades moldeadas por un tiempo y un espacio común, y absolutamente necesarias para la construcción de procesos identitarios donde el ideal se asemeja siempre a un sujeto cuya autoridad se sustenta en el principio de una condición dada de superioridad. Una figura de autoridad es, al fin y al cabo, una figura representativa del ideal (Freud, 1921/2006).

La rigidez de un mundo concebido como jerarquizado por un orden superior nos remite a la era medieval, en la cual no cabía al hombre cuestionar su lugar en el espacio social. Todavía la Modernidad, cambiando el lugar del hombre en el mundo, le concede el estatuto de centro donde todas las cosas deben existir para su uso y contemplación, responsabilizándolo por su existencia y en consecuencia arrojándolo al riesgo (Giddens, 1991). Esta pesada carga relativa a la construcción de los valores según los cuales se debe vivir, la noción extrema de libertad asociada a la fragmentación de los valores, verdades y certezas llevará al sujeto a buscar respuestas sobre lo que sea considerado correcto y errado, de lo que sea considerado del orden del bien y del mal: campo de la moral bastante explorado en la Modernidad, siendo que el Psicoanálisis, una teoría engendrada en la Modernidad y trabajada aquí como importante aporte epistemológico, presenta construcciones conceptuales que funcionan a partir del registro de una moral interiorizada que sirve de soporte para la concepción freudiana de autoridad de orden simbólico.

De manera paradojal, esta extremada libertad de concepción, donde todo es posible, aliada a una fragmentación del mundo, de la deconstrucción de todo un sistema de valores, llevaría a un estadio de vulnerabilidad (Castel, 1996), pero también produciría la búsqueda de mecanismos de contención de los modos de actuación social del hombre. Así surgen los rumbos hacia las ciencias investigativas sobre la formación del yo: la evidencia del yo como referencia estable originará el proyecto científico con vistas a alcanzar un conocimiento objetivo y, nuevamente, conformador de un orden cultural.

A lo largo de la historia se cuestionó la pretensión del hombre en cuanto a su superioridad. La afirmación y el descubrimiento de los mecanismos de construcción de la subjetividad sirvieron tanto para elevar al hombre a categoría de superior cuanto para denunciar a este nuevo soberano, colocando su supremacía en evidencia. Cabe a nosotros aquí intentar desvendar si lo que entendemos por autoridad debe ser puesto en cuestión, problematizado, criticado, revisado, y por qué no decir, renombrado, o si el concepto de autoridad como una instancia que delimite lugares y trace líneas de continuidad entre generaciones aún se sostiene como pilar de la civilización en la con- temporaneidad, a pesar del engendramiento de distintas maneras de representarla y vivirla.

Las más recientes discusiones en ciencias sociales apuntan a la idea de que hay, en la contemporaneidad, un movimiento de apagamiento de los bordes sociales, lleván- donos a pensar que cuanto más las sociedades debilitan sus vínculos con la moralidad social y religiosa, y cuanto más plurales sean las formas de vida, más se desintegran las posibilidades de emprender relaciones que tengan por base la autoridad de molde tradicional.

En virtud de las discusiones sobre la cuestión de la legitimidad de las instituciones emprendidas en la con- temporaneidad, es viable cuestionar si la escuela aún se encuentra en el marco del modelo de instituciones de régimen cerrado, de molde disciplinar, ya que todavía se observa, en la formación educativa, la utilización de dispositivos que generan y disciplinan el orden pedagógico, o si se pueden observar nuevos horizontes relativos a la emergencia de nuevas miradas acerca de las cuestiones de ámbito relacional en su interior.

De esta manera, indagamos si el modelo científico de la Modernidad, que además de otros factores se mantiene por patrones de objetividad y linealidad, está anclado en las prácticas educativas contemporáneas o si hay en marcha cambios en el proceso que comprende las acciones dirigidas a la producción de conocimiento y los aspectos pertinentes a las relaciones en el interior de la institución. Para Deleuze, en la denuncia social que habla de una "crisis general" ya se puede evidenciar el fenómeno de desvelamiento de un nuevo modelo disciplinar. A este modelo el autor lo nombró como la "virtualización de la disciplina" (Deleuze, 1992: 114).

Retomando los fenómenos de la contemporaneidad, observamos la diseminación de un (poderoso) discurso que sustenta la idea de que la escuela representa el símbolo del fracaso de las instituciones, deflagrado sea por la crisis de los sistemas educativos latinoamericanos al adherir a la "utopía pedagógica liberal" (Puiggrós, 2001), sea por la pérdida de su rol organizador (Dubet, 1996), o aun por su debilidad como agente de socialización, al contestar de manera fragmentaria a las distintas expectativas de su público (Setton, 2002). Luego, la idea que se mantiene en el imaginario social es la de que la escuela se ha adherido al proyecto de adecuación al mercado, abdicando de su lugar de transmisión de saberes por la vía de la experiencia, que como organizadora de la relación de los sujetos con su pasado, trabajaría por la preservación de los vínculos con la tradición, prestándose a garantizar su continuidad, y con ella, un lazo sólido de significaciones relativas al presente y al futuro.

Más recientemente tenemos como contribución para pensar las cuestiones relativas a la autoridad un estudio que trata de los intereses, los valores y las costumbres de la juventud cordobesa (Carena *et al.*, 2006). También son significativas las cuestiones propuestas por Terahata (2008) en su trabajo de investigación que propone reflexionar acerca de los sentidos de participación y autoridad de una experiencia con jóvenes de clases populares, así como nos interesan los aportes del estudio que pone acento en la cuestión de la autoridad pedagógica y su vacío de sentido en la contemporaneidad, dado el límite de las formas escolares habituales que terminan por demandar un trabajo de reconstrucción de la idea de autoridad y como esta se conforma en tiempos actuales (Greco, 2007).

Luego, se puede afirmar bajo la propuesta del presente trabajo que investigar categorías sociológicas y sus atravesamientos en la actualidad es una labor compleja que demanda la definición de una línea, un camino, una epistemología que pueda envasar el recorrido de la investigación del tema. De esta manera, el marco con el que se puede hacer posible pensar la cuestión de la autoridad en la contemporaneidad se encuentra anudado a la idea de que, en el siglo XX, se han observado intensos cambios en la realidad económica, política y cultural. De ahí observar, en consecuencia, impactos en los contornos de la vida social que pueden ser percibidos bajo múltiples interpretaciones.

Desde la perspectiva de las ciencias sociales adoptamos el recorte de un pasaje para un nuevo tipo de sociedad, donde los cambios relacionales son un imperativo del "espíritu del tiempo" que tiene por base el énfasis en lo nuevo, en la pluralidad de ideas referenciales y concepciones, y en la flexibilidad como modelo de actuación. Las múltiples identidades, el descentramiento del sujeto, el hedonismo como demanda y la "presentificación del tiempo" son también marcos importantes en la tentativa de basar la reflexión.

Buscando una amplia comprensión, tendremos como lineamiento para este trabajo el concepto de autoridad presentado por Arendt (1960/1992a), a pesar del reconocimiento de que ese concepto se encuentra, en esta fase de la Modernidad, "ensombrecido por la controversia y la confusión" (p. 101), así como por observar que "muy poco de su índole resulta evidente o comprensible para todos" (ibídem). Aunque sepamos que el concepto de autoridad ha sido trabajado por la autora en el ámbito de lo político, nuestra propuesta de trabajarlo en un ámbito previo a este –el campo de la educación– se da por la vía de una provocación hecha por la autora cuando afirma: "El síntoma más significativo de la crisis [de autoridad observada en la Modernidad], el que indica su hondura y gravedad, es su expansión hacia áreas previas a lo político, como la crianza y la educación" (ibídem).

La categoría de juventud también será explorada en este trabajo. De esta manera, el concepto de juventud, escenario de controversias y modismos dado su carácter temporal, considera el segmento poblacional con una edad específica, todavía observando las especificidades etnográficas de los distintos países (ONU, 1995); o bien, como será pensada aquí, como un grupo social con características específicas y muchas veces muy distintas, dada su constitución plural, poniendo acento en los aspectos de etnia, género, clase social y pertenencia presentes en su constitución, y teniendo en cuenta que "es por un formidable abuso de lenguaje que se pueden subsumir bajo el mismo concepto [de juventud] universos sociales que no tienen prácticamente nada en común" (Bourdieu, 2003: 31).

Por su complejidad, en la actualidad distintos autores latinoamericanos trataron la temática de la juventud bajo rasgos específicos con el propósito de orientar la reflexión

sobre un marco de sentidos relativo a esta categoría social: discusiones acerca de la construcción sociológica
de la juventud (Machado Pais, 1990); de la comunicación
en las culturas juveniles y temas como discriminación,
racismo y abandono escolar (Elbaum, 1996; 1997; 1998);
de la cultura juvenil y la sexualidad (Margulis, 1994); de
las nuevas sociabilidades juveniles (Abramo, 1994); de
las fiestas populares y la conformación de una identidad
religiosa juvenil (Ameigeiras, 2000); del fenómeno de la
marginalización (Auyero, 1993); de la juventud y el mundo
del trabajo (Bosio, 2000); de los paradigmas relativos a la
participación juvenil en los campos social y político (Urresti,
2000); de las políticas de juventud en países sudamericanos
(Abad, 2003); del fenómeno de búsqueda de emancipación
juvenil (Pérez Islas, 2000); del binomio juventud y escolarización (Sposito, 2002; 2003), bien como de una mirada
acerca del fenómeno juvenil en el siglo XX (Dick, 2003) y
en el siglo XXI (Sandoval, 2002).

Tenemos en cuenta que hay un vasto universo de
trabajos que contemplan esta temática, y precisar su
cartografía sería del orden de lo imposible. Los trabajos
citados representan apenas algunas de las importantes
investigaciones desarrolladas en los últimos veinte años
que, más allá de intentar desvendar las particularidades
relativas a una categoría sociológica denominada "juventud", se proponen desvelarlas desde universos relativos
a los campos de la educación, del trabajo, de las nuevas
formas de sociabilidad, de la vivencia de la intimidad y de
las representaciones acerca del consumo, hasta los modos
de participación socio-político-cultural de la juventud, temas que en conjunto conformarían una idea de "juventud
contemporánea".

El concepto de tiempo es definido a partir de Elias
(1998) como un "medio de orientación y un instrumento
de regulación de la conducta y de la sensibilidad humanas".

El concepto de contemporaneidad es dado por Giddens (1991), quien habló también de "modernidad reciente". Por fin, la categoría de "enseñanza media" será tratada a partir de la observación de los cambios en la actualidad, teniendo en cuenta tanto los modelos educacionales vigentes en un tiempo marcado por la pérdida del valor de la palabra, como los atravesamientos y desafíos en los cuales la escuela contemporánea se ve implicada (Ghiraldelli, 2000; Narodowski, 2005; Dufur, 2009).

Delante de estas consideraciones, el eje de este trabajo se dio a partir de la idea de que, en la contemporaneidad, hay una nueva lectura acerca del modo como la juventud establece el lazo social. Esto parece ocurrir en función de la insuficiencia de figuras que sostienen su lugar de autoridad para los jóvenes. Así, la incipiente representatividad de las figuras de función prominente en las instituciones clásicas –entre ellas, la escuela– hace que la autoridad simbólica sea apenas representativa de un tiempo pasado, una tradición que ha perdido energía siendo muy frecuentemente cuestionada. De tal modo que la cuestión que engendró los hechos de esta investigación es relativa a los factores que influyen en el reconocimiento de las figuras de autoridad en el ambiente educacional de la contemporaneidad.

Metodológicamente, el presente trabajo fue hecho como un estudio analítico-crítico de una muestra de jóvenes de enseñanza media, sobre las representaciones relativas a las figuras de autoridad del ambiente educativo que aparecen como modelos de identificación para los jóvenes investigados y sus características o cualidades más marcadas.

Así, con el objetivo de comprender los factores que influyen en el reconocimiento de las figuras de autoridad en el ambiente educacional en la contemporaneidad, el trabajo trató de llevar a cabo esta investigación por el siguiente camino: situar el momento sociohistórico en el cual el joven se encuentra ubicado; problematizar el concepto de autoridad a la luz de la filosofía, la sociología, el Psicoanálisis y en el campo de la educación a fines de identificar los modos de subjetivación relativos a la construcción de los procesos de identificación de los jóvenes contemporáneos; construir instrumentos para identificar las categorías de análisis relativas a la concepción de autoridad para el joven contemporáneo; y analizar cómo las representaciones de autoridad presentes en la contemporaneidad se configuran en el ambiente educacional.

La investigación fue realizada en Brasil (Goiania, provincia de Goiás) y en Argentina (Santa Fe, provincia de Santa Fe) con énfasis en la participación de distintos actores sociales. La muestra se compuso de 358 alumnos distribuidos en seis escuelas públicas de gestión oficial o confesional en los dos países investigados, así como de dieciocho actores sociales del campo educativo, seleccionados por la función desarrollada. Los instrumentos utilizados constaron de encuestas estructuradas, entrevistas en profundidad y sesiones de grupo focal.

De esta manera, a partir de un abordaje multidisciplinario y con el uso de una metodología con aportes tanto de carácter cuantitativo como cualitativo, se buscó estudiar la concepción de autoridad como una tentativa de explorar y cuestionar los factores condicionantes de la subjetividad del sujeto joven, sin intentar presentar conclusiones definitivas, sino proponiendo traer otra mirada, una lectura complementaria acerca de los procesos de conformación de los lazos sociales contemporáneos.

En términos de ordenación, el presente trabajo está dividido en tres distintos capítulos. En el primero intentamos hacer una cartografía de este tiempo histórico denominado contemporaneidad, a fines de subsidiar las discusiones y problematizar algunos puntos relativos al contexto en el cual el sujeto se encuentra inserto, campo donde se desarrollan las relaciones y se construyen, de manera singular, los lazos con el otro. Es importante tener claro que las discusiones aquí desarrolladas tienen como parámetro la sociedad occidental. Las cuestiones relativas a los cambios observados por la vía de la construcción de distintas miradas respecto a los valores y creencias, de las crisis de sentido y de representación entre lo público y lo privado, y de la irrupción de nuevas sensibilidades en el modelo relacional, hablan de una nueva configuración de mundo que pone énfasis en lo nuevo, en la pluralidad de representaciones y en la movilidad, impulsando al sujeto a ocupar distintas posiciones subjetivas en el escenario social. Estos aportes de ubicación temporal van a subsidiar todo el trabajo, dialogando con las temáticas de la autoridad, la juventud y la educación, a fines de tejer un cuadro conjunto donde los distintos fenómenos se atraviesan y se reconstruyen.

En el segundo capítulo analizamos la temática de la autoridad, proponiendo una mirada más amplia y general que recorre los cambios ocurridos en función de transformaciones socio-político-económicas y culturales (cambios de orden histórico-temporal), intentando aprehender su significado dominante en los distintos momentos, y buscando los recortes de las distintas epistemologías relativas a la profundización de la comprensión acerca de la cuestión de la autoridad: el campo de la filosofía, donde el énfasis se dará en el pacto social a partir del cual la obediencia es el factor preponderante como marca de aceptación de una asimetría, tributaria de la tradición, cuestión tratada con más vigor a partir de los escritos de Arendt en su obra *Entre el pasado y el futuro*; en el campo de las ciencias sociales, donde el estatuto abordado será la relación de poder mirada por la vía de su intrínseca relación con la condición de autoridad. Para tal objeto, tomaremos el texto "Tipos de dominación y formas de legitimidad", a fines de examinar la representación weberiana de autoridad, que dadas sus particularidades, va a diferir grandemente de la lectura arendtiana de la temática. Trabajaremos también con el pensamiento de Bourdieu, explorando las siguientes categorías: capital, clase social y campo (que será entendido como el espacio donde se traban las luchas por el poder).

En el campo de la psicología tomaremos a Freud, teórico de un nuevo paradigma relativo al que denominó "metapsicología", que al construir nuevos modelos para la comprensión de la *psiqué*, teoría que nominó *Psicoanálisis*, promueve una ruptura epistemológica cuya importancia y distinción se da en función de agregar el contenido inconsciente como elemento y estructura de fundamental relevancia en la comprensión relativa a la actuación del sujeto en su relación con el otro. De este autor trabajamos las obras *Tótem y tabú* y *Psicología de las masas y análisis del yo*, consideradas textos de ámbito social. Por la vía de estos escritos se hace posible desvelar la idea del carácter ambivalente de la obediencia, que puede representar tanto aceptación como hostilidad. Finalmente, presentamos la cuestión de la autoridad en el campo de la educación, articulada por la vía de los cambios observados a lo largo de la Modernidad, demandando una nueva mirada acerca de la visión del sujeto, de los procesos educativos, de las instituciones y del valor de los constructos libertad y autonomía. Para tal fin, contaremos con los aportes de educadores como Herbart, Dewey y Paulo Freire.

En el tercer capítulo tratamos la temática de la juventud reconociendo su complejidad, tanto como el carácter controvertido de las discusiones desarrolladas alrededor del tema, dadas las distintas posibilidades de mirada acerca de la cuestión. El recorrido sobre esta categoría social –así la reconocemos– trata desde cuestiones relativas al laberinto terminológico, donde la confusión entre los términos adolescencia y juventud es una constante, hasta la relación

juventud-institución, donde se intenta examinar, por la
vía de los distintos roles relegados a la escuela, larga y du-
dosamente reconstruidos, su lugar en el escenario social.

Trabajamos la idea de la juventud como una construcción social, ya que creemos que las nociones y los
conceptos engendrados en el proceso histórico se destinan
a ubicar determinados fenómenos sociales en espacios
específicos que delimitan, incluso, las bases a partir de la
cuales se pueda construir un discurso relativo a la temática.
Nos reportamos en este trabajo a una mirada latinoamericana y, a partir de este trazado, discutimos las distintas
configuraciones de juventud construidas en el imaginario
social que la identifican desde una figura metafórica del
tiempo presente –referida a la idea de crisis y tormentas–,
hasta un signo de desorden social, donde su carácter de
"peligrosidad", "incompletud" y "exceso" configuran lecturas
distintas y no menos prejuiciosas.

Finalizamos el capítulo intentando problematizar la
inseguridad de la utilización de categorías sociales que
cambian muy rápidamente de sentido y representación,
haciendo una aproximación –y con esto, promoviendo
un retorno– a la cuestión de la magnitud de los cambios
observados en la contemporaneidad y sus consecuentes
efectos en los sistemas de percepción y representación
de los conceptos y las nociones que terminan por nortear
nuestra comprensión del mundo.

A título de conclusión, observamos que a partir de
los datos recolectados en el cuestionario y de sus discursos –de ahí la riqueza de la utilización de los dos tipos de
metodología–, los distintos sujetos investigados ofrecieron
la posibilidad de visualizar diferentes trazados acerca de
las construcciones de los lazos relacionales, de los modos
de vivencia del colectivo y de sus diversas lecturas sobre el
lugar de las instituciones, en especial, la escuela en el escenario social. Estos aportes importantes nos posibilitaron

la identificación de cuatro distintas categorías relativas
a la representación de autoridad para los jóvenes, como
una interpretación más amplia sobre el objeto de investigación, cuya interrelación con su fundamentación teórica
proporcionó la captación del modo singular de vivenciar
la realidad revelada por estos sujetos.

1. La contemporaneidad como tiempo de legitimación de la polisemia

Al dedicar un capítulo a la cuestión relativa a la contemporaneidad, en realidad nos proponemos hacer visibles algunos puntos vinculados con el contexto socio-político-económico y cultural que, por su magnitud, producen cambios en las subjetividades, y en consecuencia, en los sistemas de percepción y representación del hombre, del tiempo, del espacio, de la construcción de los lazos sociales, en fin, de la vivencia de la experiencia.

Los cambios observados a partir de la irrupción de nuevas sensibilidades, valores y creencias; la crisis de sentido enlazada al creciente sentido de lo privado; la exacerbación del narcisismo y del hedonismo, plantean cuestiones cruciales que afectan las dimensiones éticas y el carácter político –de acción hacia los sujetos– de las instituciones (Reigadas, 1998). Así, no se trata de cuestionar el fracaso de las respuestas tradicionales para el presente tiempo, sino de buscar comprender los procesos que estructuran y dinamizan estos cambios, reconociendo su estatuto político y tratando de poner el acento en sus potencialidades así como en sus debilidades, intentando delinear la dimensión simbólica de la realidad contemporánea, los elementos a partir de los cuales se expresa el imaginario colectivo.

Desde la perspectiva de las ciencias sociales, se puede hablar de un pasaje para un nuevo tipo de sociedad, donde los cambios relacionales son un imperativo del "espíritu del tiempo" que tiene por base el énfasis en lo nuevo. La pluralidad de ideas y concepciones, la demanda por flexibilidad y la emergencia de múltiples identidades, como un fuerte movimiento con vistas a promover la "presentificación del

tiempo", son algunos marcos importantes en la tentativa
de basar la reflexión.

El término "contemporáneo" ha sido utilizado por
algunos autores para denominar un tiempo también nombrado como "Posmodernidad". Desde ahí se puede destacar
su carácter polisémico. Por cuestiones relacionadas a la
controversia del término en el campo académico dados
los conflictivos análisis de sus características y elementos
constitutivos, utilizaremos el término contemporaneidad
para referenciar un tiempo que comporta distintas denominaciones: la modernidad líquida (Bauman, 2003); la modernidad tardía (Giddens, 1991); la espectacularización de
la vida (Debord, 1997); el "vacío" como marca constitutiva
(Lipovetsky, 1983); el "real virtual" (Baudrillard, 2001); y la
estetización de la cultura (Jameson, 1998), herramientas
que caracterizan la observación de una extremada modificación generadora de discontinuidades en escala mundial,
responsable por –entre otros efectos– una intensa sensación de vulnerabilidad dado el contexto de inestabilidad
e incertidumbre.

Los intensos cambios hablan de una infinidad de herramientas, pero aún exponen dudas sobre su capacidad
de organizar el escenario social. Bauman (2000) llamó la
atención sobre esta cuestión, afirmando que si la fuerza
de la razón moderna descansa sobre el poder de las herramientas, siendo por lo tanto instrumental, puede decir
mucho sobre cómo hacer las cosas, pero casi nada sobre
qué cosas hay que hacer. Luego, teniendo en cuenta un
tiempo que ha producido intensas modificaciones en los
modos de representar la cultura y en los modos de representar la acción social de orden político y económico,
el "qué hacer" es un desafío. A lo largo de este capítulo,
intentaremos discutir las cuestiones relativas a los modos
de representar el "qué" y el "cómo" a ser adoptados por el
sujeto contemporáneo.

Retornando a las discusiones alrededor de los términos, Lash (1990) contribuye al debate sobre lo que se denominó Posmodernidad, aquí como sinónimo de posmodernismo, ya que no se extiende apenas a su componente cultural propiamente dicho:

> Aunque el término "posmodernismo" pierde hoy enteradamente su valor de culto para convertirse casi en un estorbo hasta para los modernistas confesos, los interrogantes y problemas que plantea permanecerán en el centro del escenario por un buen tiempo, si se tiene en cuenta que los nuevos opositores del nuevo paradigma cultural, como el filósofo alemán Jürgen Habermas, le prestan tanta o más atención que sus acólitos. [...] El posmodernismo ha sido sobre todo objeto del discurso estético, del discurso moral y del discurso político. Pero no ha sido objeto de muchos análisis sistemáticos (Lasch, 1990: 18).

Bajo el riesgo de no llevar a cabo la discusión propuesta, aquí se ve como camino afirmar lo siguiente: sea por la idea de alta, baja o media modernidad (Touraine, 1999); sea por la idea de un tiempo marcado por la irreversibilidad y por la imprevisibilidad (Arendt, 1960/1992b); sea aun por la idea de un tiempo en el cual las certidumbres son reemplazadas por la duda y la reproducción de un orden por el riesgo (Beck, 2002), la idea central es la del dibujo de una nueva época, en la cual las cuestiones, las temáticas y los proyectos de vida pasan por una intensa reorganización, una resignificación, dada la aparición de nuevas formas de mirar cuestiones no tan nuevas, como el rol de la familia, de la escuela, del Estado, y por qué no decir, de la Iglesia. De ahí que pueda afirmarse que los sentidos y los significados de las palabras (de los términos) son datados: las palabras y los conceptos (en un sentido más amplio) son utilizados de formas diversas, algunas veces conflictivas, por los distintos "usuarios", configurando así "economías simbólicas" en las cuales se intercambian bienes y significados (Bourdieu, 2005). Estos bienes responden a un tiempo histórico específico configurando también el imaginario marcado por obscuras y profundas relaciones con lo simbólico (Castoriadis, 1997), y así tejiendo intensas y dinámicas redes conceptuales que, a su vez, conforman un tiempo histórico.

Hay una corriente que ve a la contemporaneidad como el tiempo del incontestable triunfo de la economía sobre la política. Desde esta perspectiva, el capitalismo se presenta como la base de la organización social (Touraine, 2006; Castells, 1997), reemplazando el paradigma político –inscripto entre los conflictos del orden y del desorden, del poder y del Estado, entre otros– por el paradigma económico, en el cual las categorías de análisis más habituales giran alrededor de la idea de clases sociales y riqueza, estratificación y movilidad social, desigualdad y redistribución de renta, incluso la aparición de nuevas tecnologías que a su vez posibilitan la expansión del mercado, desvelando nuevos actores ante nuevos conflictos, así como nuevas identidades y representaciones del sentido dado a la colectividad.

Sin dudar de la idea de que este cambio es, principalmente, ideológico, hay que poner el acento en un tiempo caracterizado por la producción de grandes incertidumbres acerca de las categorías sociales, ya que se han cambiado los paradigmas y la ambivalencia sobre la pertinencia de los valores, y se ha creado una percepción de vacío que aparece en función de la pérdida de los valores habituales y de la emergencia de nuevos modos de ver los fenómenos, vivenciarlos y representarlos frente a nuevos referenciales.

El dominio cultural de la lógica capitalista denominada "tardía" (Jameson, 1998) es representante de un tiempo que se caracteriza por la expansión de un movimiento de la estetización de la cultura, responsable de impregnar las mentes con el objetivo de constituir una ideología del consumo, asegurando la supervivencia del modelo capitalista y la fragmentación del sujeto engendrada, entre otros factores, por la ruptura de las cadenas de significantes en las narrativas dictadas por el lenguaje contemporáneo. Según el autor, la producción estética, en su estrategia de expansión, contamina todos los sectores de la vida social, cambiando la realidad en un conjunto de "seudoacontecimientos", dado su carácter de "simulacro".

Sin barreras entre la cultura y el capital, el capitalismo tardío constituiría una totalidad, encubriendo una perspectiva crítica a partir de la cual el sujeto, aislado de su historia, distante de la condición de protagonista de su experiencia, no puede constituirse como dueño de su destino. Este sujeto, amortiguado por la infinitud de ofertas que no siempre están al alcance de sus manos, está encarcelado en la inmediatez del presente, dada la frecuente búsqueda por la creación de novedades y su consecuente obsolescencia, oscureciendo incluso el recurso a la libertad por la vía del impulso de reordenación de sus prácticas de orden social e individual, lo que vendría a posibilitar el respiro hacia nuevas subjetivaciones.

Estas nuevas formas de subjetivación podrían ser engendradas por la cultura, si el tiempo presente no se ocupase primordialmente de entretener a las masas y transformarlas en un producto mimetizado al gusto del cliente. Eagleton (2000) analiza las transformaciones en la cultura contemporánea como un fenómeno anudado a los cambios históricos del Occidente que terminaron por generar una nueva forma de capitalismo, marcada por el consumismo, la descentralización de la tecnología y la ascensión del carácter efímero, contingente e inestable: "En nuestro propio tiempo, el conflicto entre los sentidos estrechos y amplios de la cultura ha asumido una forma particularmente paradójica" (p. 62). Acerca de la elasticidad implícita en el concepto de cultura en la contemporaneidad,

la ve reflejada en la fragmentación de la vida moderna,
abarcando todo lo que pueda, sin olvidar el vínculo necesario con la manutención del poder:

> Ningún poder político puede sobrevivir por medio de la
> coacción pura y dura. Perdería demasiada credibilidad ideo-
> lógica y sería demasiado vulnerable en tiempos de crisis.
> Para poder asegurarse el consenso de aquellos y aquellas a
> quienes gobierna, necesita conocerlos de una forma íntima,
> y no a través de un conjunto de gráficos o de estadísticas.
> Como la verdadera autoridad implica la internalización
> de la ley, el poder siempre trata de calar en la subjetividad
> humana por muy libre y privada que parezca. Para gober-
> nar con éxito debe, por lo tanto, comprender los deseos
> secretos y las aversiones de hombres y mujeres [...]. Si tiene
> que controlarlos desde adentro, también debe imaginarlos
> desde adentro, y no hay instrumento de conocimiento más
> eficaz para captar los entretejidos de la vida interior que la
> cultura artística (Eagleton, 2000: 80).

Según el autor, la cultura contemporánea no se ha
presentado como fuerza de resistencia al capitalismo, no
obstante su carácter destructor de toda forma de orden
consensuada, sino que se encuentra sometida a ello, y ante
la decadencia del panorama social, desempeñando un
papel ambiguo, cuando no débil, en el escenario político.

La representación de lo que se pueda denominar
"cultura" ha sido intensamente "atacada" en la actualidad. Acerca de la idea de una cierta movilidad producida
por los términos "universales" que, al fin, conforman un
universo que se puede aproximar a la idea de cultura,
Zizek (1998) apunta al carácter manipulador de su utilización: "La lucha por la hegemonía ideológica y política es,
por lo tanto, la lucha por la apropiación de términos que
se sienten 'espontáneamente' como apolíticos" (p. 142).
Luego, en la contemporaneidad, se hace casi imposible
cuestionar la lógica del capital global travestido de la idea

de "multiculturalismo". La apuesta por una postura de carácter reflexivo de los sujetos puede, de acuerdo con el autor, mostrarse como "un arma eficiente" que va al encuentro del capitalismo liberal y de la tarea sutil (pero violenta) de destrucción de la cultura engendrada por el mercado. Esta apuesta también comprende la capacidad de identificar los focos de ambigüedad contenidos en las propuestas "multi" que afloran con prodigalidad en la contemporaneidad.

La idea de la ambivalencia es también una idea central en las discusiones acerca del "espíritu" de la contemporaneidad, mostrándose central en la obra de Bauman (1999a; 1999b; 2001) que aquí vamos a presentar por la vía del retorno a la siempre presente confusión relativa de los términos:

> El derroche de nombres construidos con el prefijo "post", un signo distintivo de aquellos años [1980], testificaba un estado de "indefinición", de "ni una cosa ni otra", en la razón sociológica [...]. Supongo que fue el desplome de dicha institución [la sociedad como una abreviatura del Estado-Nación] lo que sugirió que, en contra de la creencia establecida, la modernidad podría ser, ella misma, un fenómeno histórico más que la etapa final de la historia, que la modernidad podría tener un "final", que podría haber un "post", un después de la aventura moderna (Bauman & Tester, 2001: 102-103).

La cuestión de la ambivalencia es central, pues trayendo en su base el malestar por su carácter de desorden, produce hiatos, fallas, al conferir a las categorías sentidos diversos y distintos. Así, más allá de una mirada política sobre algunos de los elementos históricos que han producido discusiones acerca de su carácter ambivalente, el autor pone el acento en aquello que llamó "la corriente más poderosa de ambigüedad existencial y de ambivalencia conductual", engendrada por la multiplicidad de cambios observados en la contemporaneidad. La irrupción de modelos teniendo por base la pluralidad y la flexibilidad, así como una observable "multiplicidad de autoridades" que se caracterizan, entre otras cosas, por la exención de responsabilidades, torna la vivencia del presente como algo irrespirable. Un tiempo donde la incertidumbre y la inseguridad se presentan como un rasgo endémico es lo que el autor denominó como un tiempo "líquido".

La ambivalencia, muchas veces tratada como ambigüedad, también contamina el campo de las ciencias sociales. Bourdieu (1999) la ve atravesada por la idea de concurrencia entre "los profesionales de la producción simbólica" que, trabajando aislados, luchan por imponer su visión del mundo social y así alcanzar el reconocimiento, o bien por la lucha por alcanzar "el monopolio de la autoridad científica", y por la vía de esto, el reconocimiento social. El autor propuso aun un examen más preciso de la relación de este perfil de sujetos (no siempre amigable) y de las lógicas de los dos campos: el político (marcado por las fuerzas de los grupos) y el científico (marcado por la idea de "verdad"). Ambos, intentando imponer su estilo de dominación de carácter exclusivo, terminan por criar un clima de tensión que, a menudo, obscurece el descubrimiento de nuevas posibilidades en el campo del conocimiento. Estos fenómenos, tributarios de las transformaciones profundas que han conocido las ciencias sociales –especialmente, de acuerdo con Bourdieu, bajo el efecto del incremento considerable del número de los que las practican y las estudian–, han modificado, a menudo, las representaciones relativas a distintos modos de construcción del concepto de verdad en el campo de estas ciencias.

Tan importantes cambios generan distintas maneras de pensar, y por lo tanto, movilizan medios para articular formas de reflexión acerca de lo "nuevo" que se presenta. Luego, se observan modos de socialización e individualización muy distintos, dada la diversificación de los modos de vida, donde los cambios relativos a la representación de las creencias y los roles trabajan en el sentido de generar un proceso de erosión de las identidades. Lipovetsky (1986) define a la cultura contemporánea como representante de una sociedad personalizada, donde pueden cohabitar todos los niveles y estilos:

> La cultura posmoderna es un vector de ampliación del individualismo: al diversificar las posibilidades de elección, al anular los puntos de referencia, al destruir los sentidos únicos y los valores superiores de la modernidad, pone en marcha una cultura personalizada o hecha a medida que permite al átomo social emanciparse del balizaje disciplinario-revolucionario (Lipovetsky, 1986: 11).

Según el autor, en la contemporaneidad, la flexibilidad y la pluralidad han sido tan intensamente absorbidas que se muestra clara la ola de desinversión en las instituciones clásicas y la consecuente trasformación del cuerpo social en un "organismo abandonado": "El saber, el poder, el trabajo, el ejército, la familia, la iglesia, los partidos ya han dejado globalmente de funcionar como principios absolutos e intangibles" (*op. cit.*: 35), siendo así difícil creer en la virtud de la autoridad. Este movimiento de descreencia en las instituciones es, según el autor, uno de los responsables de "propagar la deserción" que mantiene funcionando el sistema por inercia, y la percepción del "vacío". Acerca de la apatía, de esta visible indiferencia, el autor comenta subrayando su incontestable condición de visibilidad:

> En ninguna parte el fenómeno [de la indiferencia] es tan visible como en la enseñanza donde en algunos años, con la velocidad del rayo, el prestigio y la autoridad del cuerpo docente prácticamente han desaparecido. El discurso del Maestro ha sido desacralizado, banalizado, situado en el mismo plano que el de los *mass media* y la enseñanza se ha convertido en una máquina neutralizada por la apatía escolar, mezcla de atención dispersada y de escepticismo lleno de desenvoltura ante el saber (Lipovetsky, 1986: 39).

Sobre el carácter plural de la contemporaneidad, aunque adviertan que la pluralidad no es un fenómeno específico del tiempo presente, Berger & Luchmann (1997) afirman que esta constituye, en esos tiempos y con esta nueva configuración – como un rasgo del capitalismo– una condición básica para "la proliferación de crisis subjetivas e intersubjetivas de sentido" (p. 61). De esta manera se puede explicar que en el mundo no existan valores comunes, ni una realidad única para todos "los sistemas de valores y las reservas de sentido [que] han dejado de ser patrimonio común de todos los miembros de la sociedad" (ibídem), quedando a ellos el desamparo, la incertidumbre y la desesperanza.

La contemporaneidad no solo se ve marcada por intensas crisis relativas a la magnitud de los cambios engendrados por un nuevo orden, sino también se ve sellada por aquello que se denominó "la crisis del sistema capitalista", dada su visible demanda de una reformulación. Una de estas marcas es evidenciada por la crisis del Estado de Bienestar, que trae en su base la crisis del rol del Estado en su función de interventor para ordenar lo social y lo político, salvaguardando a los ciudadanos de las cambiantes políticas del mercado.

Otro momento de tensión se da por la vía del reconocimiento de la crisis del proyecto político e ideológico del sistema capitalista, que se ha nombrado como "capitalismo organizado", caracterizado por la concentración y centralización del capital y por una política de considerable expansión del mercado, cuyo apogeo se dio en la segunda posguerra. Fue sucedido por el modelo denominado "neoliberalismo", marcado por la exacerbación del mercado, donde se demanda un "Estado mínimo", dado su limitado poder de intervención.

El Estado neoliberal, modelo en boga en la contemporaneidad, somete a los sujetos a los parámetros de un tipo

de competitividad salvaje donde los términos "eficacia" y
"eficiencia" asumen un valor superlativo. De acuerdo con
Casullo:

> El neoliberalismo de corte salvaje en el cual nosotros estamos
> viviendo se sitúa en el marco de cosas que caen, que se agrie-
> tan, de esta pérdida de la prototípica escena moderna que
> vivíamos todavía en los 60 y que hoy ha sufrido mutaciones
> y metamorfosis, por lo cual el neoliberalismo aparece como
> dando supuestamente una respuesta pragmática, "realista",
> "verdadera", para la posibilidad de continuidad del proceso
> histórico (Casullo, 1997: 198).

Así, con vistas a voltear los posibles lapsos de crisis,
la expansión del mercado ha asumido espacios más allá
de su especificidad. Este movimiento expansionista puede
ser encarado como una expresión concreta del capitalismo,
como una unidad de actuación estratégica, un "agente
de utilización de nuevas tecnologías", elucidando, por así
decir, su rol vital. Estos aspectos han sido observados por
Touraine (1994), cuando afirma: "Cuando la empresa se
define más desde un punto de vista militar que industrial,
como lo sugiere la palabra 'estrategia', el actor económico
es mucho más que un agente de modernización" (p. 142).
De esta manera, "a partir del momento en que se habla
de estrategia empresarial y no más de reglas generales
de racionalización, la empresa se convierte en un actor
esencial de la vida social" (Touraine, 1994: 143). Por la vía
de esta mirada, es posible descubrir la idea que subyace
en el proceso de cambio que transforma a la unidad básica
del sistema capitalista, alzándola al nivel de una categoría
sociológica, siendo bajo estos cambios representacionales
que el fenómeno del consumo viene a configurarse como
vector de la contemporaneidad.

De este modo, en un tiempo también nombrado
como "era del consumo", el sujeto queda al sabor de la
ola, absteniéndose de su propio peso, tornándose también

mercadería pasible del proceso de obsolescencia tan propio de los valores del mercado. Además de esto, la lógica del consumo "garantiza" al sujeto que sus males se acabarán con la compra de este u otro producto intrínsecamente dotado de "estatus", "belleza", "inteligencia", generando efectos que según Bauman & Tester (2001) pueden llevar a la "discapacitación social" causada por la negligencia de ocuparse con las acciones hacia el colectivo y/o con el ejercicio del aprendizaje, y caracterizada por la búsqueda de la soledad, ya que el discurso que predomina es el que defiende que los problemas de uno, uno los resuelve. Así se instaura una perspectiva hacia la resolución de cuestiones de orden físico y mental donde impera la sustitución de la cura por la eliminación de los síntomas, movimiento este que engendra una nueva lógica hacia el consumo. Luego, "el ascenso del consumidor es la caída de lo ciudadano" (Bauman & Tester: 156).

Es importante hacer clara la fuerza seductora de los productos que se ofrecen a los sujetos y su poder de hacerles "pensar" que pueden elegir. La pluralidad de opciones hace que la noción de libertad no sea más que una forma de manipulación, ya que la coerción es sutil, visto que hay, en la contemporaneidad, un movimiento que objetiva al refuerzo del individualismo, un proceso que se caracteriza por promover la expansión de la esfera privada y una consecuente desinversión en las experiencias que tienen por base el colectivo. Llevado a cabo principalmente por la lógica de la industria cultural, responsable de transformar bienes considerados culturales en medios que facilitan la manipulación, este proceso configura al sujeto nada más que como un instrumento que posibilita el alcance de sus estrategias. Así, al diseminar productos, permite alcanzar a las masas, produciendo, entre los efectos perversos de su acción, la desvitalización de las manifestaciones genuinas de la cultura popular, que por mantener raíces profundas en la tradición son consideradas malas apuestas para un mercado que invierte en la creación de una "nueva sensibilidad" capaz de establecer igualmente nuevos modelos de relación con la realidad. Impregnadas de un nuevo "dispositivo estético", proponen el reemplazo de la política, campo que se caracterizó por ocuparse de la construcción de la cotidianeidad (Foster, 1997).

Parece clara la intención del modelo de orden capitalista que ahora experimentamos de producir cambios radicales en la capacidad cognitiva del sujeto por la vía del proceso de desvitalización de su capacidad reflexiva. Los *mass media*, al subordinar lo cotidiano a la lógica inmediatista de la maximización del lucro, producen en el fenómeno de la experiencia vital un carácter de fragilidad y fragmentación. De ahí, exacerbándose los planes individuales y privados, retiran la energía de las representaciones colectivas, que por esta lógica solo son reconocidas a partir del carácter de masa que asumen.

La ambigüedad, como importante característica de este proceso, representa un factor de angustia para el sujeto, dada su peculiaridad. Al mismo tiempo que trabaja en el sentido de la exacerbación del carácter individual de los sujetos, proponiéndole buscar placer a su manera y responsabilizándolo de su propio éxito o fracaso, además –a contramano de eso– la lógica de la industria cultural se ocupa de la tarea de homogeneizar al sujeto como si también fuera parte de las mercancías que todavía debería consumir: del coche "soñado" o la ropa que tiene una "propuesta" distinta, hasta el curso más prestigioso en la universidad que confiere más estatus. Todo responde a la lógica del mercado, responsable de poner precio a los bienes de todos los órdenes, incluso a los de carácter subjetivo.

Acerca de los sentimientos de pertinencia y autoidentificación insistentemente buscados por el sujeto sometido a la lógica del mercado como punto de referencia, ya que

por la vía de esta lógica hasta el principio de realidad se
ve cuestionado en su valor, Bauman (2007) es enfático:

> Es necesario recordar, sin embargo, que en una sociedad
> de consumidores, donde los vínculos humanos tienden a
> estar mediados por el mercado de consumo, el sentimiento
> de pertenencia no se alcanza siguiendo procedimientos
> administrativos [...] el proceso de autoidentificación es algo
> buscado, y sus resultados son exhibidos con la ayuda de
> "marcas de pertenencia" visibles, por lo general asequibles
> en los comercios (pp. 115-116).

Luego, la industria de "bienes y servicios" trabaja en
el sentido de elevar lo novedoso contra lo perdurable,
aislando al sujeto de la posibilidad de reflexionar sobre
la real necesidad, más allá de la utilidad de los productos que expone. No ajustarse a este modelo de actuación
delante de un "estado de emergencia" producido, llevaría
al sujeto a un estado agudo de ansiedad relativo a una
insistente percepción de inadecuación personal. El estado
de incertidumbre permanente muchas veces tiene por
consecuencia una fuerte idea de autorreprobación. Está
en curso, de acuerdo con el autor, una industria donde los
sujetos son convertidos en productos. En lugar de adquirir
las mercancías, son ellos mismos las mercancías.

Es innegable el impacto de este cambio de visión engendrado por el triunfo de la lógica consumista en el escenario social, donde la dinámica del consumo obliga al
sujeto a estar eternamente en movimiento. De esta manera
observamos el movimiento estratégico donde el flujo de
la vida de los sujetos se confunde con el flujo de capital.

Son incontables las alusiones hechas al término
"industria cultural" como importante herramienta del
sistema capitalista. Adorno (1964), en una conferencia
pronunciada para la Universidad Radiofónica y Televisiva
Internacional, explica la razón del término "industria", afirmando que la denominación se refiere a la estandarización

y a la racionalización de sus técnicas. También acerca de la ambigüedad, o al menos sobre la utilización ideológica del término individualidad, el autor nos dice: "Cada producto se quiere individual; la individualidad misma sirve para reforzar la ideología en la medida en que provoca la ilusión de que lo que está cosificado y mediatizado es un refugio de inmediatez y de vida" (Adorno, 1964: 112).

Sobre una probable "función social" de la industria cultural, el autor advierte "el rango estético de su mensaje" y una mirada sobre la posible acomodación, incluso de los intelectuales, al fenómeno: "La importancia de la industria cultural en la economía psíquica de las masas no dispensa de reflexionar sobre su legitimación objetiva" (ibídem). Además, propone una estrategia para reflexionar sobre este fenómeno que se muestra, según él, lejos de ser inofensivo: "Tomarla seriamente en proporción a su función indiscutible significa tomarla críticamente en serio, no desarmados frente a su monopolio" (ibídem). Por fin expone el carácter perverso del proceso:

> [...] la dominación técnica progresiva se transforma en un engaño de masas, es decir, en un medio para oprimir la conciencia. Impide la formación de sujetos autónomos, independientes, capaces de juzgar y decidir conscientemente. Pero estas son las condiciones previas de una sociedad democrática, que no sabría resguardarse y expandirse más que a través de hombres fuera de tutela. Si desde lo alto se difama sin razón a las masas como tales, es justamente la industria cultural la que a menudo las reduce a ese estado de masa que después desprecia, y que les impide emanciparse, ya que los hombres son tan maduros como se lo permiten las fuerzas de producción de la época (Adorno, 1964: 20).

Morin (Adorno & Morin, 1964) también nos habla de este proceso como una marca histórica a la que denomina como "la industrialización del espíritu, la segunda colonización que concierne en adelante el alma" (p. 23).

Para el autor, las herramientas de comunicación de masa, al construir redes de intensa magnitud ponen el todo en un circuito mercantil. Son vendidas imágenes y sujetos al gusto del cliente, exponiendo claramente el campo relacional entre la técnica y el modelo económico: "A través de ellas [las redes], se opera ese progreso ininterrumpido de la técnica dirigida ya no solamente al arreglo exterior sino también penetrando el interior del hombre y derramando las mercancías culturales" (ibídem).

Los vehículos de comunicación de masa también hacen la tarea de diseminar los cambios y las actuales tendencias en los roles relativos a los géneros. De acuerdo con Beck (1998), esta perspectiva de renovar la jerarquía de los estamentos sexuales, liberando a las mujeres de las asignaciones femeninas tradicionales, gira alrededor de cinco condiciones que no obstante no guardan relación causal: la prolongación de la esperanza de vida de las mujeres las ha conducido a una "liberación demográfica", ya que los deberes maternos actualmente se terminan a los 45 años. Luego, "vivir para los hijos se ha convertido en una fase pasajera para las mujeres" (Beck, 1998: 147). Esta nueva perspectiva cambia de manera significativa la concepción de familia tradicional.

La segunda condición propuesta por el autor tiene que ver con la reestructuración del trabajo doméstico, aislando a la familia de sus vinculaciones con los roles sociales hasta entonces conformados, haciendo surgir la figura de la ama de casa, y consigo, los procesos de racionalización de nivel técnico: "Numerosos aparatos, máquinas y ofertas de consumo descargan y vacían el trabajo en la familia" (ibídem), que por su carácter de descalificación promueve el deseo de acceder a tipos distintos de trabajo profesional.

La tercera condición relativa a los cambios engendrados en cuanto al género es el surgimiento de "los métodos anticonceptivos y las posibilidades jurídicas para

interrumpir el embarazo", reemplazando la idea de maternidad como "destino natural" por la idea de maternidad como
signo representante de un deseo personal. Esto también
transforma, ante la liberación sexual, la posición femeni-
na frente al hombre, ya que en una coyuntura distinta a
la de sus madres, las generaciones de jóvenes mujeres se
hacen cargo de su opinión personal y pueden determinar
conjuntamente con sus compañeros si desean tener hijos
y cuándo.

El autor presenta como cuarta condición a los divor-
cios en cantidad creciente que remiten a la "fragilidad del
sustento matrimonial y familiar". Las mujeres, aisladas en
su condición de jefe de la familia, perdieron la (potencial)
garantía de seguridad económica, tornándose –más allá de
un dato en el sistema laboral– un número en la estadística
de desempleo. Cabe destacar que el número de hogares
que tienen una mujer como jefe creció vertiginosamente
en los últimos treinta años. Un ejemplo de esto nos ofrecen
los datos de la Encuesta Permanente de Hogares (EPH)
realizada en 2007 por el Instituto de Estadísticas y Censos
de la República Argentina (INDEC), que dan cuenta de
que a nivel nacional hay un 28,7% de familias cuyo jefe es
una mujer. Según los especialistas, este fenómeno es una
creciente en los países latinoamericanos y ocurre tanto
en función de las mudanzas observadas en los roles de
género en la actualidad, cuanto en función de los cambios de orden económico-estructural llevados a cabo por
el nivel de agresividad de las estrategias adoptadas por
el sistema capitalista, que imponen un mayor grado de
involucramiento de la mujer en la necesidad de conseguir
ingresos en la familia.

La quinta y última condición presentada por el autor
y relativa a la condición de género "actúa en la misma
dirección de la equiparación de las oportunidades educativas, que son expresión de una motivación fuertemente

profesional de la mujeres jóvenes" (Beck, 1998: 148). Esto nos permite pensar que todo este escenario colabora para una mirada superlativa vinculada con el individualismo, hecho que produce cambios especialmente en la familia y en la escuela, dos instituciones fuertemente atacadas en la contemporaneidad.

Los cambios en la representación de los roles de género nos permiten mirarlos también como una estrategia utilizada por el sistema capitalista con vistas a diseminar su lógica. Acerca de lo que denominó "transformación de la intimidad", Giddens (2004) habla del fenómeno de "desinstitucionalización" de la esfera privada como consecuencia de –entre otros factores– la generalizada influencia del capitalismo y su poder de cosificación ante los objetos:

> [...] El tejido y la forma de la vida cotidiana han sido reconfigurados en conjunción con campos sociales más amplios. Las rutinas estructuradas por los sistemas abstractos poseen un carácter vacío, no moral, y esto cobra validez en la idea de que lo impersonal inunda progresivamente lo personal [...]. Las relaciones personales, cuyo principal objetivo es la sociabilidad, informadas por la lealtad y la autenticidad, se convierten tanto en una parte de las situaciones sociales de la modernidad como en instituciones que acompañan al distanciamiento del espacio-tiempo. La vida personal y los lazos sociales involucrados están profundamente entrelazados con los sistemas abstractos de más alcance (Giddens, 2004: 116).

El autor incluso comenta las cuestiones relativas a esos cambios de referencia de lo "familiar"; así, informa que el mantenimiento de la idea de "familiaridad" se encuentra fuertemente involucrado en una nueva mirada sobre la relación espacio-tiempo-pertenencia, resultando en un sentimiento de extrañamiento y descolocación presente en la relación del sujeto con su hogar, su barrio, su ciudad. Esta perspectiva que promueve una resignificación de lo "familiar" hace que todo se transforme en impersonal o, por lo menos, parezca impersonal. Luego, la transformación de la intimidad que trata el autor "es contingente del mismo distanciamiento que han portado los mecanismos de desanclaje, combinados con la alteración del entorno de confianza que presuponen" (Giddens, 2004: 135).

Contribuye Lefebvre (1994) con la discusión acerca del dominio sobre el espacio como fuente de poder sobre lo cotidiano. Según el autor, el capitalismo se beneficia con la estrategia de producción, a través de la apropiación de los espacios por la vía de la tensión de los distintos agentes sociales que la contienen, así como por las distintas representaciones que asumen las relaciones sociales de producción / reproducción. El autor afirma que hay una gran influencia de las representaciones de espacio en la producción del espacio propiamente dicho, ya que aquellas corresponden a un sistema complejo que involucra códigos, símbolos y signos de orden dominante.

Harvey (1998), a su vez, ofrece contribuciones al reflexionar sobre la cuestión de la fragmentación de los espacios en un contexto de demasiada sumisión al capitalismo globalizado:

> Las prácticas espaciales y temporales nunca son neutrales en las cuestiones sociales. Siempre expresan algún tipo de contenido de clase social, y en la mayor parte de los casos, constituyen el núcleo de intensas luchas sociales. Esto puede verse claramente cuando se consideran las formas en que el espacio y el tiempo se vinculan al dinero y la manera en que esta conexión se hace cada vez más estricta con el desarrollo del capitalismo. Ambos, el espacio y el tiempo, se definen a través de la organización de prácticas sociales fundamentales para la producción de mercancías (Harvey, 1998: 265).

También la discusión sobre la representación del concepto de tiempo ha sufrido un fuerte impacto, dada su articulación con los cambios engendrados por los avances tecnológicos que llevan a cabo el paradigma económico que, entre otros aspectos, postula la idea de la urgencia. La necesidad de optimizar todos los procesos, sean ellos de orden objetivo o subjetivo, lleva al sujeto a "organizar" su objetividad de acuerdo con la lógica del mercado, de ahí la generación de sentimientos de angustia y vaciamiento. La experiencia individual, dada la naturaleza de las trasformaciones ocurridas en un corto espacio de tiempo –considerando el marcador de tiempo como dotado de carácter histórico–, no se conecta a las situaciones presentadas en lo cotidiano, generando un sentimiento de aislamiento e inadecuación.

Hay una corriente que defiende la idea de que la Modernidad se fundó sobre una concepción mecánica de un tiempo útil y marcado por la linealidad (Maffesoli, 2005). Sobre la hegemonía relativa a una temporalidad datada, el autor pone atención sobre las modulaciones que revisten el carácter de durabilidad del tiempo: "La repetición ritual, la rutina cotidiana, son maneras [...] de escapar de una temporalidad demasiado marcada por la utilidad y la linealidad" (p. 68).

Hay otra mirada que relaciona al tiempo con una estructura estrictamente organizacional, vinculada al trabajo de cuño industrial. En este paradigma, el tiempo se hace herramienta de control de las horas trabajadas y, consecuentemente, de control de producción. La compresión espacio-tiempo viene a engendrar el proceso de acumulación flexible (Harvey, 1998), responsable por una severa reformulación en la concepción y en los procesos de trabajo –generando subempleo y una fuerte sensación de descalificación–, y por la elevación de la noción de obsolescencia a un nivel superlativo, donde los productos y servicios asumen cada vez más su carácter efímero y volátil, acentuando la idea de instantaneidad.

Bajo esta perspectiva, el tiempo ya no puede ser observado como referente al desarrollo físico, psíquico y de lo cotidiano, sino como una sucesión de instantes sobre los cuales pesa una tarea. Se ve ahí la magnitud del cambio de representación que ha sufrido esta categoría conceptual, que pasa a conformar un conjunto de nociones datadas e históricamente construidas, y no tiene más un estatuto a partir de un *a priori*, o sea, no es más observado como una entidad concreta.

Luego, "para un cierto número de intelectuales, el tiempo ya no es hoy un principio de inteligibilidad" (Augé, 1992: 31). De ahí se puede comprender la causa relativa a la desorientación en la actualidad, pues la aprehensión del tiempo para el sujeto contemporáneo se muestra como una tarea hercúlea, si no miope, sugiriendo la idea de una inhabilidad en la comprensión de las nuevas configuraciones, que a su vez demandan un aparato perceptivo del cual el sujeto no se siente dotado.

Un despliegue relativo a la idea de inhabilidad en la percepción del tiempo vivido toca la representación de un fenómeno común en la contemporaneidad: la demanda por rapidez. Acerca de la postulación del carácter de instantaneidad de los acontecimientos en lo cotidiano, Bauman (2003) contribuye:

> El término "instantaneidad" parece referirse a un movimiento muy rápido y a un lapso muy breve, pero en realidad denota la ausencia de tiempo como factor de acontecimiento, y por consiguiente, su ausencia como elemento en el cálculo de valor [...] el tiempo insustancial e instantáneo del mundo del software es también un tiempo sin consecuencias. [...] El tiempo / distancia que separa el fin del principio se reduce o desaparece por completo [...]. Lo que hemos descripto es, por supuesto, una condición liminal de la historia del tiempo, lo que parece ser, en nuestra etapa actual, la tendencia última de esa historia (Bauman, 2003: 126-127).

La polisemia observada, entre otros factores, por la multiplicidad de aspectos que caracterizan a la contemporaneidad –muchos de ellos con distintos significados y sentidos– conduce a la idea de fragmentación, engendrando un redimensionamiento de las ideas que en definitiva cambian las representaciones del sujeto sobre la conformación de aquello que se podría configurar como puntos de referencia, los elementos estructurantes de su subjetividad. Así, sometido a distintos campos de fuerza dotados de igualmente distintas dinámicas y complejidades, los eventos cotidianos se presentan revestidos de un carácter de "inevitabilidad". Por esta lógica, los sujetos tienden a percibir la experiencia como dotada de una exterioridad que ocupa el lugar de su interioridad como condición fundante.

Con el propósito de sobrevivir al malestar, los sujetos se ponen a la búsqueda de manuales, recetas, fórmulas igualmente externas a sí para administrar los conflictos de orden subjetivo. Otra salida es la que propone nuevas formas de convivencia. Estas pueden ser miradas como una acción hacia nuevas formas de vivencia del colectivo, teniendo fuertes relaciones con la subjetividad, referida a un sentido personal de representación del mundo y de los objetos, cargada de una óptica de carácter individual, personal. Luego, el sujeto busca sus pares por características de similitud, por un cierto consenso implícito, y por lo tanto, menos cargado de conflictos generados por la asimetría entre los sujetos, así como por las distintas interpretaciones y juicios, necesidades e intereses.

Acerca de aquello que se puede denominar como condición hacia la sociabilidad, como forma de interacción recíproca en la cual solo las cualidades y los adjetivos relativos a la convivencia recíproca son decisivos en el "estar junto", Simmel (1917/2002) contribuye afirmando que en el proceso de sociabilidad no se incluyen las significaciones objetivas que la personalidad del sujeto pueda poseer, pues "la riqueza y la posición social, la erudición y la fama, capacidades excepcionales y méritos de individuo, no han de jugar ningún papel en la sociabilidad" (p. 85).

Para el autor, los espacios de sociabilidad se constituyen en un "mundo artificial", cuyo objetivo es la interacción pura, sin la "deformación" de lo real, que lleva al sujeto a volver a su "dimensión personal", así como a obtener beneficios específicos de una vida en común:

> Debido a su idea fundamental, debe crear la ilusión de unos seres que se despojan de tantas partes de sus contenidos materiales y que se modifican tanto en su significado exterior e interior que resultan ser iguales como seres sociables, pero de tal manera que cada uno sólo puede obtener para sí los valores de la sociabilidad, con la condición de que los otros, en interacción con él, los obtienen igualmente (Simmel, 1917/2002: 90).

Estos "mundos artificiales", en la contemporaneidad, pueden ser observados en su forma superlativa por el fenómeno de espectacular avance de las tecnologías de información y comunicación. El ciberespacio se muestra hoy como una forma de sociabilidad que propone una vía de acceso a las gentes: las comunidades virtuales pasan a tener un lugar expresivo en los estudios que objetivan demarcar estilos y tendencias de socialización en la actualidad, creando la demanda de nuevos abordajes capaces de conferir algún sentido a la existencia.

De esta manera, por la creciente relación entre consumo y cultura en la contemporaneidad, se observa la emergencia de fenómenos sociales que responden por las nuevas dinámicas –reglas, códigos y padrones– de relación, producción y reproducción social, en las cuales se inscriben valores y prácticas recontextualizadas por la vía del cambio de significación (aquí hablamos del orden simbólico) que asumen los objetos, los sujetos y las instituciones.

Cibercomunidades surgen por centenas y hablan de la
importancia –casi una necesidad visceral– del teléfono
celular, del iPod o de la notebook en lo cotidiano de la gente:

> El ciclo infernal de los lanzamientos prosigue, aunque per-
> turbe al consumidor y contribuya para el refuerzo de su
> infidelidad y volatilidad. De ahí en adelante, para ello los
> productos de prestigio corresponden menos a una satis-
> facción de necesidades simbólicas y más a una búsqueda
> de variedad, de experiencia o de estimulación cognitiva
> (Bauman, 2007: 101).

Por otro lado, se observa la emergencia de nuevas
formas de apropiación del patrimonio arquitectónico y de
los espacios públicos de las ciudades como posibilidades
generadoras de nuevas sociabilidades por su propuesta
relativa a la idea de una conexión entre los sujetos de los
espacios públicos, algo que propicie una percepción de
inclusión y pertenencia. Bajo la idea de que el establecimiento de sociabilidades ocurre también por la vía de
esferas sociales determinadas, la concepción de espacio
puede ser vista bajo distintos procesos que operan en diferentes sentidos. Uno de ellos habla de la conformación
de los espacios, en general privados, bajo la utilización
de símbolos y signos que remitan a imágenes cargadas
de valores específicos, relativos a las fracciones de clase
y, por supuesto, a las distinciones de orden económico
(Featherstone, 2002).

Por la vía del deseo de pertenencia, nuevas sociabilidades surgen en el escenario bajo las más distintas
denominaciones. Entre ellas, la idea de tribu como una
comunidad afectivo-emocional (tributaria de las ideas
de Weber y bastante explorada en los estudios llevados a
cabo por la Escuela de Chicago), donde los intereses compartidos en una especie de sociedad organizada por la vía
de una "subjetividad común" son responsables, o tienen

la incumbencia, de reafirmar los lazos afectivos entre el grupo (Maffesoli, 1987).

Bajo esta concepción, la emoción compartida es el factor que engendra la aparición de una multiplicidad de grupos en la búsqueda de nuevas formas de solidaridad tejidas por –entre otros elementos– la empatía. Así, afectividad, solidaridad, empatía, dados por la vivencia en colectividad, se conforman en hilos responsables por tejer lo que el autor denominó la "cultura del sentimiento", que tendría su función en lo que observó como "fenómeno de declinación del individualismo" en la sociedad contemporánea. Otros autores (Canclini, Lotman) consideran las nuevas sociabilidades como una tentativa del sujeto de resistir al fenómeno de aislamiento que se observa en el escenario de los grandes conglomerados urbanos.

Los innumerables estudios que se han realizado en el campo de la conformación de nuevas sociabilidades, principalmente en la población joven, nos informan de una demanda por comprender los fenómenos de engendramiento de redes de protección social. Así, bajo todas estas formas observables de interacción social están los estudios sobre los fenómenos de estructuración de los procesos de sociabilidad, o sea, los procesos de formación de las redes sociales. Dichos estudios han sido significativos en la tentativa de comprender las formas y las herramientas utilizadas en la construcción y reconstucción de los procesos interactivos entre los sujetos y su filiación a distintos grupos (Barnes, 1997).

A continuación analizaremos aspectos relativos a los cambios en relación con la concepción de identidad en la contemporaneidad, partiendo de la idea de que la multiplicidad de estilos posibles de adopción y/o construcción identitaria, engendra, entre otros fenómenos, el aspecto denominado como el "desplazamiento del yo".

1.1 Las múltiples identidades
y el desplazamiento del yo

Hay una corriente que nos informa que la identidad como estatuto social vive una condición de declinación en la actualidad (Hall, Connor, Bauman). Estos autores hablan de un significativo cambio por el que pasa la cuestión de la identidad en la contemporaneidad, que además del cambio semántico ha dado lugar a distintos sustantivos que funcionan como calificativos a ella agregados: multiplicidad, fragmentación, descentramiento y desplazamiento. Estos sustantivos agregados vienen así a delinear las distintas representaciones acerca de la categoría de identidad, conformadas en estos tiempos plurales.

La preocupación acerca de la cuestión de la identidad se hace necesaria en función de que esta no pertenece más a la categoría de lo natural, sino que es definida como algo que, de cierta forma, puede servir en la tarea de conformar a los sujetos. Si esta pertenencia no es percibida como viable, hay que empezar a demarcar, reclamar o defender una posición singular que le permita responder a un rol igualmente singular y específico de conformación de los sujetos en las posibles ubicaciones en el escenario social.

De acuerdo con Bauman & Tester (2001), en la Modernidad, la labor de construcción de la identidad ha sido un trabajo complejo que se compuso como si fuera un rompecabezas, donde las piezas necesitan ser ordenadas y reordenadas a lo largo de la vida del sujeto. Hubo un tiempo donde la resolución de los "rompecabezas" seguía la lógica de la racionalidad instrumental.

> Una vez que la modernidad sustituyó a los Estados premodernos (que determinaban la identidad por nacimiento, y por lo tanto, proporcionaban pocas, en el caso que hubiera algunas, oportunidades para que surgiera la pregunta ¿quién soy yo?) por las clases, las identidades se convirtieron en

tareas que los individuos tenían que ejecutar [...]. Durante la mayor parte de la era moderna estaba meridianamente claro en qué debería consistir semejante prueba (Bauman & Tester, 2001: 109).

Los autores comentan la construcción de la identidad como una tarea definida, trazada como una forma de representar la meta del trabajo de toda una vida responsable por realizar la "liberación de la inercia de los modos tradicionales, de las autoridades inmutables, de los hábitos predestinados y de las verdades incuestionables" (*op. cit.*: 110).

Hubo un tiempo en el cual, en la tarea del trazado de autoidentificación, cabía al sujeto adoptar los valores vigentes, basado en su confianza y en la fuerza de representación de las estructuras sociales. Los cambios ocurridos a lo largo del siglo XX promovieron roturas en las concepciones que sostenían a los sujetos en su percepción de solidez y pertenencia. El derrumbe de las instituciones como lugar de manutención de los marcos sociales es uno de los factores que demarcan, según el autor, el pasaje de la fase "sólida" de la Modernidad a la fase líquida, caracterizada principalmente por la ascensión de la incertidumbre. En la contemporaneidad "ya no se cree que la sociedad es un árbitro con principios, duro e inflexible, aunque esperanzado y justo de los tanteos humanos" (*op. cit.*: 114).

En este sentido, la cultura ya no tiene recursos para sustentar una posición de autoridad sobre el sujeto, para orientarlo en la tarea de definir cómo hacer las cosas ni qué cosas hacer, ya que asume un poder "localizable" y de carácter evasivo, primando la versatilidad y la volatilidad. Así, no hay cómo articular hechos en un conjunto unitario y coherente llamado "identidad"; además, este intento sería visto como algo de carácter anacrónico, ya que una identidad unitaria, firmemente fijada y sólidamente construida sería observada como una limitación a la libertad de elegir, representando para el sujeto algo del orden de una incapacidad producida a partir de la rigidez y de la nostalgia de un tiempo pasado, resultando ridícula e inadecuada:

> Para la inmensa mayoría de los moradores del moderno mundo líquido, actitudes como preocuparse por la cohesión, respetar las regla, atenerse a los precedentes y permanecer fiel a la lógica de la continuidad en vez de flotar en la oleada de oportunidades mutables y fugaces no son opciones prometedoras (Bauman & Tester, 2001: 118).

De esta manera, la construcción de la identidad es un fenómeno engendrado por una continua interacción con lo externo, y su modificación se da como reflejo de ese proceso que, en su complejidad, no provee solo elementos responsables por conformar sus representaciones e interpretaciones de sí y del mundo. En función del carácter de ruptura, volatilidad, pluralidad y flexibilidad social, este proceso también viene a promover una sensación de fragmentación y debilidad del yo, así como una postura que se caracteriza por vivenciar la experiencia a partir de la duda y de la inseguridad. Así, el derrumbe de la idea de sujeto unificado pone a ello en una situación ambigua y superficial.

El escenario de fluidez propuesto por Bauman nos orienta a pensar en el riesgo que encierra el acto de comprometerse con una sola identidad para toda la vida, ya que en la contemporaneidad, las identidades están para "vestirlas", "mostrarlas", exponerlas en las situaciones en las cuales se hagan necesarias, y después, cambiarlas. En un tiempo donde prevalecen las olas, es necesario saber surfear, además de cambiar de playas aunque el "mar no esté para pez". En tiempos líquidos, este parece ser el principio conductor de las posturas frente a lo externo.

La idea de analizar el proceso de construcción de identidades cambiantes empieza por ponerlas frente a la coyuntura. Así, el concepto de identidad comporta la relación del sujeto consigo, con los demás y con las instituciones. De esta manera, para existir, el sujeto necesitaría, en principio, percibirse como autor y objeto de sus acciones que, además de reflexionadas, miradas y "hechas a su manera", es decir, a su modo, sufren el atravesamiento del contexto. En una sociedad que cambia de forma acelerada y por distintos caminos que no obstante se presentan ambiguos entre sí, hay distintas luchas que el sujeto necesita enfrentar, que van desde la relación de uno consigo mismo –la lucha por definirse– a la lucha entre el (posible) carácter individual y el social que se presenta engendrando muchas tensiones. De acuerdo con Ruitenbeek (1999):

> Los sociólogos y psicólogos consideraron los dilemas del momento en términos de inseguridad, alienación, ansiedad y desorganización social. Los filósofos los han interpretado como un aspecto del esfuerzo del hombre para vivir en el universo y para comprenderlo. Pero ni en los estudios de los científicos sociales, ni en las especulaciones filosóficas se encuentra el común denominador que necesitamos para comprender en forma adecuada la situación del hombre en una sociedad tecnológica. [...]. Para que las ciencias sociales puedan siquiera empezar a acercarse a su comprensión, deben contar con algún concepto central [...]. El concepto de identidad, en mi opinión, puede desempeñar este papel (Ruitenbeek, 1999: 17).

La sociedad actual demanda que el sujeto actúe desempeñando diversos roles. Además de esto, requiere de él que los elija, ya que por una cuestión de "respeto a la libertad", en la actualidad, el sujeto no dispone de la estabilidad que los roles tradicionales proporcionaban, por considerarlos "opresores". Resulta que en la contemporaneidad el sujeto suele sentirse incapaz de proponerse objetivos de largo alcance, dadas las muchas posibilidades y formas de hacerlo, y tal situación se refleja tanto en sus relaciones personales, familiares y laborales, como en su relación consigo mismo, de ahí una fuerte sensación de discapacidad e impotencia. El mecanismo de adaptación a estos eventos, cada vez más frecuentes, y que camina en la dirección de la tentativa de evitar el sufrimiento, puede resultar en la construcción de un recorrido personal donde el pragmatismo, la fluidez y la superficialidad sean características recurrentes. Acerca de esto, Bauman (2007) complementa:

> La sociedad de consumo es la sociedad de mercado: todos nosotros estamos *en* y somos *del* mercado, a la vez clientes y mercancías. No es de extrañar que el uso / consumo de las relacionan humanas (y por tanto, también de nuestras identidades: nos identificamos por referencia a la gente con la que tenemos relación) se equipare rápidamente al modelo de consumo del coche usado, imitando el ciclo que comienza con la venta y termina con la eliminación de residuos (Bauman, 2007: 195).

Podemos decir, dadas la innumerables patologías psíquicas que se presentan en la actualidad, que el sujeto contemporáneo ha perdido gradualmente la sensación genuina de pertenencia, dada la multitud de roles sociales, modos de relación, formas de vivir y tipos de parejas a las cuales puede acceder. Así, la multitud de posibilidades hace que de veras el mundo parezca extraño, peligroso, oscuro, con muchas demandas generadoras de angustia e inseguridad. De esta manera, el malestar se instala, y el sujeto, para librarse de ello, adhiere a una serie de prácticas con vistas a un cierto alejamiento de las situaciones ansiolíticas –entre ellas, la adicción de sustancias ilícitas o psicotrópicas–, o reapela a una falsa realidad generada por la posibilidad de acceder a las múltiples identidades, a fines de sobrevivir en una sociedad emblemática respecto del desorden generalizado.

Esta sensación de desorganización social de carácter anómico no es nueva. Al remitirnos a Emile Durkeim, podremos observar que en su obra *La división del trabajo social*, el autor trabaja la noción de anomia en el contexto de la ruptura en la concepción y organización del trabajo industrial. Fallas en la claridad y en la definición de las reglas y las normas dan una falsa sensación de autonomía en un escenario donde la exposición a los más distintos riesgos es la causa directa de la debilitación de la solidaridad entre los sujetos.

El término anomia social es muy utilizado en la sociología, y remite a la cuestión de un fenómeno de desorganización generalizada que se produce socialmente, haciéndose una herramienta útil para comprender las cuestiones de patrón de comportamiento individual vinculado a una identidad social característica de un modelo de sociedad determinado. De esta manera, aquello que se denomina "crisis de identidad" guarda relación con el movimiento de las organizaciones e instituciones que la componen, tanto como los cambios de concepción, rol y funcionamiento con respecto a ellas.

Expuesto esto, no restan dudas de que en general las identidades, más que sufrir las influencias del tiempo, son conformadas por ello. Al creer que cada tiempo histórico produce un molde personal determinado, podemos decir que históricamente los cambios sociales se encargaron de producir, por así decir, variaciones en los modelos identitarios: si en la era medieval el sujeto era parte de un todo unificado, saber el lugar que se ocupaba era percibido como una necesidad común a todos. Así, dado que la movilidad y las innovaciones eran poco comunes, las opciones se presentaban reducidas y el concepto de identidad se sustentaba por la identificación de un orden natural que mantenía la seguridad y el apoyo del grupo. En este tiempo, al sujeto no le cabía la elección libre de los valores sociales y, con raras excepciones, esto no era retratado como un deseo del colectivo. El valor supremo reposaba en la capacidad de adherir a los valores determinados por una estructura fuertemente asentada en las firmes bases ideológicas de la Iglesia, que terminaba por conferir a esta postura de sumisión un valor de virtud.

La Modernidad trae una nueva significación al concepto de sujeto. Él comporta, a partir de la razón, elementos del orden de la lógica, de la ética, de la estética, más allá de su soporte espiritual, constituyendo la expresión lógica de lo personal. La lógica moderna no concibe más la creación humana como un servicio determinado por la obediencia a un dios, sino como un acto de autonomía.

Así, al conformar la naturaleza de acuerdo con su voluntad, el sujeto moderno produce un nuevo molde cultural que a su vez fundamenta la ciencia –por la vía de un cambio de paradigmas– que, al producir rupturas, engendra nuevas epistemes. Al entenderse como personalidad, actor y productor de cultura, el sujeto moderno se convierte en señor de su propia existencia, que pasa a ser comandada por su voluntad. En esta lógica, nuevos elementos pasan a componer el vasto mundo habitado colectivamente, más allá de la religión. De ahí algunas nuevas posturas se definen como la liberación de la ciencia, la economía, la política, el arte de las doctrinas de la fe.

Afirmando su creencia en la razón y en la ciencia como herramientas para analizar, comprender y construir el mundo, el sujeto de la Modernidad se encuentra frente al desafío de comprender los nuevos sentidos que resultan de las transformaciones culturales y sociales. El impacto de tan vastos cambios sobre los sujetos y las instituciones demanda una actitud reflexiva acerca de la redefinición del rol del Estado, así como de las mutaciones observadas en el mundo del trabajo, de la educación, en la familia y en el modo de vivir la intimidad.

De este modo, el tiempo de la Modernidad relativo al siglo XX se refiere más específicamente a las condiciones engendradas a partir de los cambios económicos (Touraine, Harvey, Giddens), de la globalización y de los cambios culturales (Hall, Bauman, Jameson, Connor), generando cuestiones muy particulares, como las discusiones sobre el evidente fenómeno de la compresión tiempo-espacio, de los cambios en la representación de la identidad y de la perplejidad, demandando un ejercicio de reordenación reflexiva ante la percepción de sus impactantes efectos en la representación de las experiencias de lo cotidiano.

Giddens (1991), sobre este tiempo denominado modernidad reciente, apunta hacia la magnitud de las consecuencias generadas por el fenómeno de la globalización en la sociedad contemporánea, así como hacia la importancia de los mecanismos de construcción de la autoidentidad engendrados en el escenario social, reconociendo tanto la importancia de la dimensión ontológica del yo, como su trayectoria a lo largo de la Modernidad. El autor observa incluso, bajo esta perspectiva, que las cuestiones relacionadas al cuerpo -"el yo naturalmente está corporizado" (Giddens, 1991: 76)- y a la mente son identificadas en la actualidad como elementos de manipulación, como instrumentos para el objetivo de constitución de modelos que reconozcan la adaptación a un contexto perecedero y cambiante, ya que esta es la lógica dominante.

Para el autor, los riesgos y las consecuencias de la experiencia de la "modernidad reciente" como una entidad históricamente establecida imponen al sujeto toda suerte de perturbaciones, llevándolo a buscar nuevas perspectivas para la construcción de nuevas identidades. Así, el carácter novedoso de las experiencias en la contemporaneidad también se presenta como un elemento ansiolítico, pues trata de un mundo lleno de riesgos y peligros "al que se aplica de modo particular la palabra 'crisis', no como una mera interrupción sino como un estado de cosas más o menos continuo" (*op. cit.*: 23).

Es necesario puntualizar que las percepciones acerca del otro, según el autor, también se encuentran involucradas en el escenario cambiante, imponiendo continuas variaciones y negociaciones en el proceso de adaptación impuesto por las vicisitudes de lo cotidiano, haciendo que el sujeto, además de identificar los cambios, también se movilice en adecuar sus percepciones y posturas, tornándolas más pertinentes al "espíritu" del tiempo. Tiempo donde el Yo, como representante de una singularidad, tiene cada vez menos valor social.

Acerca de la idea de un "yo mínimo", el autor afirma que no cree que esta postulación pueda ser vista como un fenómeno generalizado. Para ello, la experiencia del sujeto se ve atravesada, sutil o abiertamente, por intensas fuentes de malestar, llevándolo a sentimientos de inquietud y desesperación; pero hay que observar la manera como se vivencian estos fenómenos, visto que la misma experiencia perturbadora puede percibirse no solo como fragmentaria, sino también como configuradora de oportunidades de creación de nuevas capacidades.

Si bien observa la viabilidad de una mirada optimista ante los cambios de representación de la experiencia, el autor resalta que al sujeto le cabe luchar contra aquello que denominó los efectos "normalizadores" del capitalismo mercantilista, que afectan fuertemente a la fuerza de trabajo, así como a los procesos de consumo, hecho que interfiere en lo cotidiano de los sujetos engendrando procesos de remodelación en su vida diaria.

Aunque reconozca en los procesos de mercantilización algunos supuestos beneficios (como la pluralidad de elección), el autor apunta hacia la capacidad del sujeto de reflexionar, de reaccionar críticamente a los eventos que observa y vivencia como alienadores, y se refiere a una forma posible de realizar tal intento: la adhesión a los movimientos sociales que, por su carácter de colectividad, se presentan especialmente importantes como mecanismo de resistencia ante el impacto personal engendrado por los cambios llevados a cabo en la contemporaneidad.

Hall (2002), a su vez, nos invita a reflexionar acerca de la identidad bajo la idea a partir de la cual esta se configure como un aspecto del yo implicado en un proceso dinámico que involucra experiencias comunes y códigos culturales compartidos, que suministran cuadros de referencia y sentido estables a un determinado tiempo histórico. El autor trabaja con tres concepciones de identidad. A saber: la primera, que denomina "la identidad del sujeto del Iluminismo", apunta hacia características tales como el centramiento y la unificación. En esta concepción, el sujeto que posee atributos como razón, conciencia y acción, es dotado de un núcleo interior que permanece a lo largo de su existencia y constituye su identidad.

La segunda concepción habla de una entidad resultante de la interacción con lo social, siendo formada y modificada por la vía de un diálogo continuo con lo externo, y configura, de acuerdo con el autor, "la identidad del sujeto sociológico". En este sentido, refleja la complejidad del mundo moderno con énfasis en la interacción con el exterior. El "otro" se presenta, bajo esta concepción, como un elemento capaz de mediar con los sentidos, valores y símbolos representantes de la cultura y la identidad, y a su vez, es percibido como relacional. Luego, la identidad, como entidad sociológica, es generada y modificada a partir de un mundo exterior, enfatizando la importancia del diálogo con el "público" que habita el sujeto por la vía de la internalización de los significados dados socialmente a los objetos. Se observa ahí la interlocución entre lo subjetivo, propio del sujeto, y lo objetivo, como marca de lo externo, en la representación del mundo.

La tercera y última concepción, referente a "la identidad del sujeto posmoderno", se involucra por una multiplicidad de factores y elementos. El sujeto, visto desde esta perspectiva, se configura como un depositario de identidades distintas, a veces contradictorias, que son definidas y trasformadas de acuerdo con los sistemas culturales con los cuales interactúa.

En términos de conclusión, el autor propone la idea de que "el sujeto del Iluminismo, visto como dotado de una identidad fija y estable, ha sido descentrado, resultando en identidades abiertas, contradictorias, inacabadas, fragmentadas del sujeto posmoderno (Hall, 2002: 47). Esta idea prevalece en diversos estudios acerca del sujeto contemporáneo, como hemos tratado aquí.

Al fin y al cabo, las ideas que planteamos hasta aquí nos permiten concordar con la propuesta de que en un tiempo "post", o reciente, o si se quiere, líquido, el sujeto, más allá de comprender los fenómenos que intervienen en su forma de vivenciar lo cotidiano, busca simular, negociar con la realidad, oscurecer las referencias de los signos (Baudrillard, 1998). Esta tarea configura una estrategia de supervivencia en un tiempo donde tener referenciales es estar fuera del espíritu de movilidad requerido en el entorno social, un tiempo donde todas las certezas remiten a una verdad que es perecedera, ya que la propia idea de verdad es algo que remite a la idea de lo antiguo.

De acuerdo con Baudrillard (*op. cit.*), en la contemporaneidad, o no hay verdad, o la verdad es percibida como no dotada de pertinencia en el contexto, siendo, por lo tanto, *out*. Si las certezas están marcadas por un tiempo de validez, como las mercancías que se compran en los mercados, así también las identidades, en consonancia con este tiempo datado, se metamorfosean, teniendo en cuenta que la capacidad plástica del sujeto es una alternativa de manutención de su *statu quo* en un escenario que prima por el simulacro. Acerca de este movimiento de "estatización" de las subjetividades del sujeto contemporáneo, o sea, de un movimiento de organización de "nuevas emergencias individuales", Canclini

(1997) advierte sobre la posibilidad de que más que construir sujetos, estas vienen a deformarlos, dada la agudización de las contradicciones en el escenario actual.

Aquí se halla otra paradoja: para el sujeto, tener una identidad, aunque cambiante, se hace una necesidad, representante de un deseo primario, que cumple la tarea de garantizar algún significado a uno mismo, no obstante el escenario social de fragilidad, precariedad e incertidumbre. Pero lo que este sujeto parece no saber es cómo realizar el proceso de "adopción" de una identidad que represente, al menos, un rasgo de seguridad delante de su propia figura. Una forma de sobrevivir a la ambigüedad generada por estos tiempos cambiantes puede ser representada por la decisión de no asumir posiciones, eximiéndose de las responsabilidades de sus actos y recurriendo a una "identidad *light*" que le permita el goce de las experiencias, relativizando el valor y el sentido de las cosas de acuerdo con una demanda contingente. Esta identidad de carácter *light*, puede ser una herramienta para explicar la demanda por la fruición, que vamos a discutir en seguida.

1.2 El hedonismo (resignificado) como imperativo

El término hedonismo deriva del griego *edoné*, y vendría a representar una doctrina ética donde el bien supremo es el placer reconocido como generador de la felicidad humana. El reconocimiento de la multiplicidad de sentidos relacionados a los que puede prestarse este término –desde la aproximación a la tradición cirenaica, recurriendo a la teoría epicúrea, hasta los tiempos actuales donde se aproxima a un perfil de comportamiento análogo al que denominamos fruición– nos convoca a reflexionar sobre la polisemia que envuelve a este vocablo, hecho que obstaculiza la circunscripción de marcos de referencia scguros relativos al concepto.

En la contemporaneidad, por el impacto de los cambios observados en los diversos campos de la vida del sujeto, el término hedonismo se ve con frecuencia, como ya planteamos, ligado a la idea de fruición, que podríamos considerar como la búsqueda del placer a partir de las sensaciones corporales marcadas por la comodidad, por la inmediatez, por su carácter momentáneo y contextual, configurando así un bienestar pasajero. En este comportamiento, se puede observar una fuerte influencia de la lógica del consumo que se produce por la vía de la adquisición de objetos (y gentes) de forma indiscriminada, con el objetivo de abolir el malestar producido a través de la idea de la falta: "La oferta abismal del consumo desmultiplica las referencias y los modelos, destruye las fórmulas imperativas, exacerba el deseo de ser integralmente uno mismo y de gozar de la vida" (Lipovetsky, 1986: 108).

La visión hedonista en estos tiempos actuales está fuertemente anclada a los medios de comunicación de amplia difusión, los *mass media*, que al reforzar la idea de fruición degradan el sentido filosófico del término cimentado en una visión racional acerca del equilibrio y del desarrollo personal: se observa en la juventud, categoría sociológica que más sufre los impactos de las olas temporales, una demanda cada vez más intensa por el placer, representado con frecuencia por la adhesión al sexo riesgoso y a la *glamourización* de las drogas lícitas e ilícitas. Así:

> Resulta evidente que el hombre de nuestro tiempo parece abocado a satisfacer febrilmente su ansia de placeres [...]. Se trata de pasarla [a la vida] lo mejor posible, a costa de lo que fuere, en busca incesante de sensaciones placenteras, siempre nuevas y cada vez más excitantes. [El hombre contemporáneo] encuentra su felicidad plena en el placer inmediato, sensible [...] sujeto a la soberanía del instante (Sáenz, 1999: 117).

La temática del sufrimiento, en este contexto, es flexibilizada, promoviendo el ascenso de una ética indolora, desligada de responsabilidades y sanciones. La paradoja se observa cuando se ve este fenómeno por otro ángulo que posibilita comprender los excesos más como un síntoma de la frustración, y por lo tanto, de la insatisfacción, que como una marca de búsqueda del placer en sí. Este recorte nos permite pensar que por la gran variedad de posibilidades de elegir, el sujeto contemporáneo se ve, casi siempre, insatisfecho, dado el carácter limitado de los objetos –o de las gentes– de promover el placer codiciado.

Si los placeres legitimados en la contemporaneidad remiten al sujeto a una vida de carácter inconsecuente, y además la libertad es reconocida no como un valor, sino como una marca obligatoria, resultante de su condición de autonomía, el sujeto se ve a menudo convocado a seguir la ola, ya que debilitado por las intensas demandas cotidianas, se encuentra blindado ante los recursos a los cuales podría apelar a fines de salir de este círculo vicioso. Por esta perspectiva, la relativización de los valores, aliada a la flexibilidad de las costumbres, lleva al sujeto a buscar, para su placer, algo que esté a mano: entra en el campo el discurso producido por la lógica del consumo que por el recurso de la instantaneidad trabaja en la supresión de la ansiedad, proporcionando una sensación inmediata de saciedad, aunque de carácter provisorio.

Podríamos inferir que también los cambios ocurridos en la modernidad reciente acerca del trabajo contribuyeron para la búsqueda de las prácticas relativas al ocio como productoras de un placer íntimo: "El trabajo perdió su lugar de privilegio, su condición de eje alrededor del cual giraban todos los esfuerzos [del sujeto] por constituirse a sí mismo" (Bauman, 2000: 57). En la medida en que el trabajo pierde su valor de referencia social, tornándose más una obligación ante la tarea de supervivencia, se observa

una fuerte demanda por aquello que los discursos construidos a fines de llenar el imaginario social denominan
"aprovechar" la vida. Aquí agregamos otra representación
acerca del ocio: aquella que va al encuentro de la idea del
tiempo libre como un tiempo relativo a la realización de
las actividades más cercanas a la subjetividad, y por lo
tanto, referente a las elecciones individuales que remiten
a la idea de placer y recreación.

El fenómeno de la compresión del tiempo y del espacio también es referencial en la cuestión relativa a las
discusiones acerca de la representación del hedonismo en
la contemporaneidad: lo instantáneo presume el abandono de la historicidad, de la memoria, y por lo tanto, de la
idea de continuidad temporal. El ayer no existe, tampoco
el mañana. Así, la pérdida del carácter de temporalidad
en estos tiempos actuales tiene como consecuencia la
exacerbación de la superficialidad, de lo efímero, de la
fragmentación del yo, y por supuesto, de las relaciones,
marcando la idea de contextualidad y pragmatismo en
las relaciones interpersonales, así como la idea de obsolescencia de los objetos y las gentes.

Si la era del consumo produce nuevas miradas acerca
de las formas de vivir, también produce cambios en las
representaciones de lo que se puede designar por deseo,
así como en la representación de lo que puede configurarse como necesidad: en un tiempo donde no hay ayer ni
mañana, no hay que acumular nada, no hay que mantener
nada, por el contrario, solo es necesario vivir intensamente
el hoy. En esta lógica, y recurriendo a los referentes psi-
coanalíticos, el principio de realidad, responsable por el
equilibrio del yo frente a lo externo, es reemplazado por el
principio de placer. Teniendo en cuenta que el placer en
la sociedad de consumo toma como prioridad la idea de
la personalización del deseo, o sea, de la fantasía individual del sujeto, se puede inferir que no hay diques hasta

sus aspiraciones. La expresión "yo merezco" se conecta al "ahora o nunca", liberando al sujeto de las amarras de las reglas de convivencia y sociabilidad del perfil tradicional.

Al enfatizar el individualismo, la cultura de lo efímero se superpone, exacerbando el carácter de fruición, fluidez y urgencia en la vivencia de las múltiples posibilidades ofrecidas en lo cotidiano. El placer se liga a la idea del ejercicio de experimentación de lo nuevo, de la actividad propia a un goce sin desgaste o envolvimiento: se consumen gentes y objetos –y por qué no decir, conocimientos– con la misma voracidad, libertad y sentido de falta de responsabilidad. La falta de significación de orden simbólico permite que el deseo se mantenga como una constante demanda, a pesar de sus sucesivas y breves materializaciones, condenando al sujeto a seguir siendo "insaciable" no obstante la cantidad de productos en oferta en el mercado (Bauman, 2000).

Si el "placer" en la contemporaneidad representa un imperativo, todo lo que se refiere a la supresión del deseo es visto como pasible de rechazo. De ahí nos deparamos a la idea de límite, coerción y jerarquía de opciones. La libertad, como bien supremo –un valor tan caro a la Modernidad–, es resignificada, vista como una posibilidad de disfrutar la vida de acuerdo con un deseo particular y con una igualmente particular representación de lo que sea la condición de autonomía. El énfasis en su autorrealización y en su autosatisfacción remite al sujeto a su individualidad, y por lo tanto, a una idea de felicidad de orden privado que no considera la posibilidad de existencia subjetiva del otro. Gozar la libertad y simultáneamente satisfacer sus fantasías es la garantía de un buen arreglo, dada la demanda por tener todo a todo momento.

Esto nos lleva a creer que este giro en la concepción del hedonismo, en los tiempos actuales, termina por ligarlo más a una posible liberación a nivel corporal, generadora de un placer próximo a la idea de una descarga momentánea, que a una experiencia intrínseca de ámbito relacional y hasta de orden espiritual. La idea de que el bien es el representante del placer, doctrina epicúrea, es abandonada en la contemporaneidad, tiempo en el cual también se subvierte el sentido de la eliminación del dolor. Si antes se podía defender la idea de una cierta ascensión del espíritu, a partir de un estado del alma que se quedaría impasible delante de las cosas terrenas alcanzando así el placer, hoy se observa el exceso corpóreo como vía hacia el placer. Por esta perspectiva, la estabilidad, proporcionada por la reflexión y la mediación, se presenta como un limitador de la búsqueda rumbo a las múltiplas ofertas, no siendo encarada siquiera como una posibilidad en el alcance de una condición íntima de bienestar.

Así, el control del deseo, antes considerado fundamental en el alcance de la serenidad y la condición preponderante en el abandono del dolor, hoy es una actitud digna de rechazo, dada su articulación con términos de connotación negativa como represión y coerción. El nuevo código de comportamiento apunta a la idea de un pasarla bien a costa de cualquiera, donde la búsqueda de sensaciones cada vez más excitantes marca el vacío de sentido. Bajo esta idea, Rojas (1998) propone una nueva categoría de definición del sujeto contemporáneo –el hombre *light*– y así lo describe:

> El hombre *light* es frío, no cree en casi nada, sus opiniones cambian rápidamente y ha desertado de los valores trascendentes. Por eso se ha ido volviendo cada vez más vulnerable, por eso ha ido cayendo en una cierta indefensión. De esto modo, resulta más fácil manipularlo, llevarlo de acá para allá, pero sin demasiada pasión. Se han hecho muchas concesiones esenciales, y los retos y esfuerzos ya no apuntan hacia la formación de un individuo más humano, culto y espiritual, sino hacia la búsqueda del placer y el bienestar a toda costa, además del dinero (Rojas, 1998: 17).

La idea de un placer agregado al mercado –el hedonismo del consumo– es tratada por Lipovetsky (2006) y viene a esclarecer acerca de la idea de que lo cotidiano del sujeto contemporáneo es cada vez más sometido a una lógica específica y no consensuada. Así, se puede observar que a lo largo de los siglos se cambiaron las ideas de felicidad y placer implícitas en la cartografía del bienestar de los sujetos. En la contemporaneidad, recurriendo a los ámbitos social, político, psicológico, y prioritariamente al ámbito económico, la lógica del mercado define con precisión a los elementos que componen la ética del consumo, con énfasis en el presente y en la estatización de la vida. El sujeto, con base en una subjetividad móvil, marca su presencia en el mundo por su capacidad mimética y performática.

Es en este laberinto de ecos y voces que se configura el sujeto contemporáneo, a quien cabe "elegir", ante una gran variedad de opciones, las estrategias para definir su posición, siempre provisoria, en este tiempo flotante que cada vez más fuertemente demanda negociaciones hacia una felicidad codificada, diluida, programada, y por lo tanto, indescifrable.

Delante de este escenario, el autor nos convoca a pensar en una salida, y nos propone la idea de que la educación sea una "herramienta reguladora del deseo indiscriminado del consumo" (Lipovetski, 2006); también se ha pensado en la escuela como un espacio donde se puedan "leer los medios", en especial la televisión, dada su fuerte tendencia de descontextualización de los mensajes, explicitando sus contenidos y poniendo en claro sus posibles propuestas y objetivos no inscriptos en su discurso (Touraine, 1999). Resta saber de qué escuela podemos hablar en estos tiempos líquidos.

El movimiento en la búsqueda de nuevas sensaciones y siempre nuevas opciones y posicionamientos, tan estimulado en la contemporaneidad, así como la idea fuertemente enfatizada de que el sujeto es el único responsable por su bienestar, afectan sobremanera la construcción de lazos sociales. La representación del cuerpo social, transformada y pasando a representar apenas un aglomerado de sujetos aislados en sus propios (aunque débiles) referenciales, favorece la desinversión en la vivencia del colectivo, debilitando los lazos relacionales capaces de promover intercambios afectivos más estables y duraderos.

1.3 La fragilidad de los lazos sociales en tiempos de culto a la individualidad

Identificar los procesos sociales de integración y las tensiones que configuran las relaciones de sociabilidad tejidas alrededor de la paradoja pertenencia / aislamiento es una tarea compleja. Ante un tiempo en que ni siquiera los lazos de consanguinidad son preponderantes en la configuración de la afectividad, dados los cambios de rol observados en la familia como unidad social, la comprensión del significado y de las formas de establecimiento del lazo con el otro –basado en solidaridad, afectividad, pertenencia y seguridad– merece un análisis más ajustado.

En una contemporaneidad marcada por la inseguridad, la visión del sujeto comporta innumerables representaciones. Una de ellas apunta hacia el fenómeno relativo a la centralización en el presente y en la idea de autonomía individual, donde la representación de la felicidad es particular y se realiza en el ámbito privado.

Las nuevas cartografías sociales interfieren fuertemente en las configuraciones de los lazos sociales. En esta perspectiva, el sujeto necesita responder a distintas clases de paradojas por las cuales ve atravesada su cotidianidad: los conflictos entre homogeneización e individualización; los cambios políticos, económicos y estructurales que modifican la representación de lo público y de lo privado; y las cuestiones relativas a la subjetividad y sus atravesamientos son temas que envuelven ansiedad, ambivalencia, soledad e incertidumbre. Todas estas cuestiones también transitan por el "deseo" de libertad, de fruición, por la construcción (o no) de relaciones de afecto y por la conformación de un proyecto de vida, sea ello particular o compartido.

La paradoja acerca de la homogeneización y la individualización es una temática recurrente en la contemporaneidad, ya que señala dudas sobre la condición de pertenencia que amenaza la pérdida de la individualidad, y con ella, la pérdida de posibilidades de elegir a gusto, sin interferencias externas. Bajo este dilema, el sujeto tiende a buscar una solución de costo y beneficio en la relación con el otro, donde la negociación se hace una estrategia que posibilita estar con el otro sin que esto implique una entrega personal o un compromiso.

En este escenario, los lazos sociales se construyen y se mantienen en un patrón en el cual el distanciamiento es una necesidad, dadas las demandas por libertad y autonomía. En el campo afectivo-sexual, también interfiere en este modelo de conformación relacional la multiplicidad de posibilidades de elegir y cambiar parejas, pues los relacionamientos son evaluados por su grado de promoción de satisfacción, así como por su posibilidad de alcance de las expectativas propuestas inicialmente. De ahí se puede cuestionar hasta qué punto el sujeto, al relacionarse con el otro, lo ve como una persona o como un instrumento capaz de proporcionar la satisfacción deseada. Identificar estos distintos modos de percepción y de objetivos posibilita el reconocimiento del lugar del otro en la relación, y su consecuente rol en el "emprendimiento".

De acuerdo con Lipovetsky (1986), en la contemporaneidad la vida es *cool*, indiferente, dada la cultura de borde que resbala entre las relaciones y sus demandas. Para el autor, este paradigma relativo al comportamiento se debe, en gran parte, a los intensos cambios observados en la contemporaneidad, que terminan por promover también cambios en la vida privada de los sujetos: "Esta desubstancialización de las grandes figuras de la Alteridad y del Imaginario es concomitante a una desubstancialización de lo real por el mismo proceso de acumulación de aceleración" (Lipovetsky, 1986: 74). Así, la caída de la ideología como proyecto colectivo es un elemento observable en este contexto que privilegia la pluralidad, la flexibilidad y la multiplicidad de propuestas que se encargan de promover acuerdos mínimos entre los sujetos.

En un tiempo donde las grandes ideologías que han marcado la Modernidad, como el nacionalismo, el socialismo, la revolución y el progreso como instrumento de incremento de calidad de vida de la población, pierden fuerza, el interés por lo público se muestra debilitado. Algunos autores tratan de la temática de la estabilidad social en el mundo contemporáneo (Bauman, Touraine, Lipovetsky, Vattimo), tomando la idea bajo la cual, como categorías sociológicas, las instituciones han cambiado de representación junto al sujeto, así como los puntos de interés relativos al colectivo, que por presentarse difusos, quedan en segundo plano.

Poniendo las cuestiones relativas a lo privado en el nivel prioritario, los sujetos se ven movilizados por cuestiones más prosaicas que envuelven la vivencia cotidiana, con intensa valoración de lo que sea un "infinito particular". Son más escasas –salvo algunas manifestaciones puntuales– las actuaciones de orden sistemático sobre temas que envuelven lo colectivo, así como una perspectiva de carácter más universalista de acción.

De acuerdo con Bauman (2003), se observan en estos "tiempos líquidos" las recurrentes ideas que muestran a lo público colonizado por lo privado, y el interés público se limita a una curiosidad determinada por la vida privada de las figuras públicas. Va al encuentro de esta mirada la creación de una infinidad de programas televisivos, revistas y periódicos que se sostienen bajo la exposición de las figuras consideradas "públicas", solo por el hecho de que generan visibilidad social. Para el autor, el tema de la exhibición pública de asuntos privados es frecuente, y la investigación de sus sentidos debería recibir más atención por parte de la población en general.

Colabora con esta perspectiva un movimiento de desprecio por los espacios públicos que son percibidos como espacios de nadie, y que representan tanto la expulsión de los considerados extraños, cuanto la conversión de los idénticos. Estos movimientos configuran, en cierta instancia, los comportamientos de los sujetos respecto a la formación de distintas instauraciones de sociabilidad. En estos tiempos, el sujeto transita por los espacios a partir de la identificación de las características más adecuadas a su supervivencia y aceptación, tanto como calcula el tiempo en el cual deberá permanecer en ellos sin el riesgo de desestructurarse.

En un contexto marcado por la incertidumbre, se puede observar con claridad una exacerbación del individualismo, del narcisismo, de un modelo de actuación en el cual impera la indiferencia a la autoridad. La coyuntura colabora al reconocimiento de un cierto sentido de desorientación. De esta manera, si las referencias estructurantes del sujeto están atravesadas por la "ola" del momento, corre el riesgo, dado el carácter flotante e incierto de los eventos a los cuales tiene que responder, de adherir a la idea fuertemente implantada en la contemporaneidad que informa que delante de las vicisitudes de lo cotidiano no hay un camino, solo hay un caminar que apunta a las salidas a partir de las posibilidades puestas para el momento. Así, la construcción de referencias singulares confiere fuerte importancia a una manera personal, subjetiva, particular de moverse, a fines de garantizar al sujeto la manutención de una determinada posición que le proporcione el mínimo de seguridad necesaria para circular "entre" los sujetos, los ambientes y los hechos.

Aquí también vale recordar el fenómeno de agotamiento del Estado provocado por la desaparición de la confianza en las instituciones que hacen que las ideologías claras se presenten apenas como una referencia hacia el pasado y de carácter anacrónico. Las "nuevas ideologías" hablan de las propuestas de un grupo, de una pareja, de uno, y no tienen que ver con la inversión en lo colectivo, sino en la construcción de un perfil determinado. Esto se percibe en varios campos por los que el sujeto transita.

Si (re)tomamos las discusiones respecto a las representaciones relativas a las instituciones sociales, tomando inicialmente el mundo del trabajo, vamos a observar que este campo ha sido fuertemente atacado y que sus pilares han sido sacudidos, de manera irrevocable, por los fenómenos de la precariedad, de la inestabilidad y de la vulnerabilidad. Por esta lógica, predominan los empleos de carácter liviano, etéreo e incierto frente a las nuevas formas de explotación, llevadas a cabo por distintas estrategias del campo corporativo, que evitan discutir ampliamente las cuestiones relativas a la función social del trabajo, o la tratan cambiando el foco de la discusión hacia el lugar del sujeto en la corporación tomando la metáfora del "equipo", donde cada uno debe incorporarse de cuerpo y alma y hacer lo mejor que pueda.

Tampoco se observan discusiones acerca del eje ético del trabajo, como una representación que va en la dirección de una "vocación" determinada de carácter individual y subjetivo, incluso en las familias, donde gran parte de ellas queda más preocupada por las condiciones de empleabilidad de los jóvenes –de ahí el boom de algunas carreras universitarias– que por su eventual realización a nivel subjetivo.

Además, el trabajo, en este tiempo, o bien ha adquirido el lugar de enajenación y sufrimiento, o bien ha asumido un significado meramente estético, demandando del sujeto apenas que sea gratificante, con algún valor de entretenimiento, donde se hace difícil identificar habilidades o competencias que garanticen *per se* la obtención y/o la manutención del empleo. Todo es fluido y queda dependiente de las estrategias empresariales de un mercado mutable.

En consecuencia, los lazos que unen a las personas que dividen el mismo espacio de trabajo también quedan débiles, dado el carácter conflictivo que se instala cuando existe una insuficiencia de mecanismos humanizados de comunicación, que expone al trabajador a constantes desgastes, demandando de él la construcción de (siempre) nuevas estrategias de supervivencia. A esta condición Castells (1997) la denominó "esquizofrenia estructural entre función y significado", fenómeno ocasionado, entre otros factores, por el debilitamiento de la comunicabilidad en el interior de las organizaciones, que terminaría por hacer más frágiles los lazos de solidaridad entre los trabajadores.

Dicho eso, se puede afirmar que en la contemporaneidad se observa que la ambivalencia –constitutiva del sujeto humano, y por lo tanto, condición inevitable– aliada al contexto de incertidumbre engendra una fuerte sensación de vacío psíquico en el sujeto. Dada la pluralidad y flexibilidad de los roles familiares y educativos, es aún difícil determinar, identificar y seguir reglas que todavía cambian en un corto espacio de tiempo. La demarcación clara de los distintos lugares relativos a los sujetos en una institución determinada no se presenta más como una necesidad (delante de una posición que denotaría el grado de responsabilidad) frente al otro, ya que a este otro también le es difícil identificar su eventual "función" en el escenario. De este modo, las relaciones quedan sujetas a los distintos grados de violencia simbólica observadas en el interior de las instituciones, sean ellas del ámbito público o privado.

En una coyuntura dotada de inestabilidad, los lazos sociales se hacen débiles y contextuales. Cada uno "opta" por sustentarse con sus propios recursos, sean ellos psíquicos o materiales, generando un fuerte sentido de desamparo, extrañamiento y apatía. En el campo afectivo, a los sujetos les parece más cómodo no involucrarse emocionalmente con nadie en función de los riesgos intrínsecos a la relación: el otro puede ser más un problema –por la posibilidad de la confrontación– que alguien que pueda remitirlo a la alteridad. Así, las rupturas se presentan como parte del proceso relacional, y a las personas se les da el valor contextual dado el carácter pragmático de las relaciones sociales. Todo es estandarizado, hasta el encuentro con el otro.

El fenómeno de estandarización del sujeto contemporáneo afecta al cuerpo, al comportamiento, y por lo tanto, a la formación y la manutención de los lazos afectivos. La configuración social dictada por la lógica del mercado supone el rompimiento, la acción solitaria, la debilidad y la desagregación de los grupos: "Ningún vínculo duradero nace de la actividad de consumir. Los lazos que logran establecerse durante las actividades del consumo pueden o no sobrevivir (Bauman, 2007: 109). Así, se observan nuevos códigos de conducta que rigen las relaciones y que se presentan mediados por la lógica del mercado, donde imperan la degradación de la idea de duración, el impositivo de la transitoriedad y la elevación de lo novedoso, ya que de acuerdo con el autor, los sujetos, en la actualidad, tienden a aceptar la corta vida útil de las cosas y de las personas, observando como segura su virtual obsolescencia.

Luego, manteniendo un modelo relacional con base en el entretenimiento, los sujetos contemporáneos aprenden hasta a celebrar sus pérdidas (de las cosas y de las personas) con una alegría muy rara, ya que no se atienen a sus virtudes sino a su carácter limitador. Pertenecer a alguien es una condición que puede venir a obstaculizar la búsqueda de nuevas sensaciones y aventuras que el sujeto vendría a "disfrutar". Esta es la tan aclamada "libertad de elegir" que, paradójicamente, no sacia, no obstante el exceso:

> La libertad seguramente implica el indecible riesgo de que la aventura inunde el lugar que ha dejado vacante la certeza del aburrimiento. Mientras promete sensaciones novedosas deliciosamente vigorizantes, la aventura es también un recordatorio de la humillación del fracaso y de la pérdida de la autoestima que conlleva una derrota (Bauman, 2007: 121).

Así, en la contemporaneidad se observan innumerables cambios en la naturaleza de aquello que se puede denominar "personal", reconfigurándose el tejido y la forma de la vida cotidiana: "Las rutinas estructuradas por los sistemas abstractos poseen un carácter vacío, no moral, y esto cobra validez en la idea de que lo impersonal inunda progresivamente lo personal" (Giddens, 1991: 116). El autor incluso apunta hacia la intensificación de las conexiones entre la vida personal y los mecanismos de descalificación de los anclajes. Esto vendría, según él, a afectar la representación de la intimidad en estos tiempos, ya que se hace claro el momento de transición, dada la disolución de las antiguas formas y reglas de convivencia entre las personas, y "la vida personal y los lazos sociales involucrados están profundamente entrelazados con los sistemas abstractos de más alcance" (ibídem).

El autor trata de manera puntual y profundizada las modificaciones observadas en el campo relacional, y nos presenta los factores que afectaron lo que denominó *transformación de la intimidad* en la modernidad reciente, empezando por plantear la relación intrínseca entre las tendencias globalizantes y los eventos localizados en lo cotidiano de los sujetos, comentando también el factor relativo a la construcción del yo como un proyecto reflexivo, donde el sujeto debe buscar una identidad privada bajo las opciones proporcionadas por los sistemas abstractos. Indica como otro factor el impulso hacia la autorrealización que subyace a la idea de despliegue de la alteridad en el objetivo de promover una construcción subjetiva y privada de sí mismo. Y por último, trata una cuestión muy cara a las reflexiones acerca del hedonismo de ropaje contemporáneo: la preocupación por la plena realización, que para el autor, más allá de una defensa narcisista frente a lo externo, se configura en una forma de apropiación de las influencias que inciden en la vida globalizada.

Tomando como base estos aspectos, se puede argumentar que la propuesta de analizar la representación de autoridad en la contemporaneidad se hace coherente, dadas las profundas transformaciones en el escenario social, y de manera primordial, en las formas de vivir colectivamente. Al observarse las relaciones entre padres e hijos o hasta entre profesores y alumnos, se perciben con claridad los cambios acerca de la idea de asimetría, dada la indistinción de los roles de los sujetos, tanto como la fuerte intervención de la lógica del consumo en las formas de construcción y manutención de los lazos sociales, incluso los de consanguinidad.

En un tiempo donde prevalece el presente y el goce, los mecanismos de coerción y manutención de una ley impuesta por el proceso civilizatorio se rompen. Más allá de las instituciones, las personas que se hacen representar como "figuras de autoridad" se ven confrontadas en su función, así como en la significación relativa a un rol que comporta la perspectiva tradicional, algo considerado referente a un pasado que se fue y que no dejó marcas en el sujeto.

Tiempos que no requieren al otro, o sea, que no comportan la idea de alteridad como una necesidad relacional, suelen promover la emergencia de episodios de ansiedad y desorden psíquico, sea por la imperfección en el funcionamiento de los mecanismos de desanclaje promovidos por el entorno, sea por un deseo singular de pertenencia que insiste en mantenerse en lo íntimo del sujeto, como una necesidad que opera sin embargo el movimiento hacia la individualización como imperativo del espíritu del tiempo.

En este movimiento paradójico se observa la emergencia de las religiones personalizadas, como respuesta al deseo responder a las indagaciones acerca de lo "trascendente, pero no mucho", con la presencia de un dios hecho a imagen y semejanza del sujeto. También se observa la emergencia de nuevas configuraciones familiares marcadas por el componente de la diversidad: familias monoparentales o que se constituyen al sabor de la vicisitud de lo contemporáneo (dos papás, dos mamás, abuelos y nietos, novio de mamá, novia de papá...), y por consiguiente, la escuela como institución que "sirve para algo", o sea, con una fuerte perspectiva utilitarista, donde los lazos se forman en la horizontalidad por el deseo de cumplir juntos y aprovechar la convivencia en un espacio común, y en la verticalidad como una mera condición para mantenerse y cumplir el tiempo. Relaciones contingentes en tiempos igualmente contingentes.

El sujeto, en este contexto, puede disponer de todo y no tener nada, ya que tener significa apenas juntar cosas que van perdiendo sentido en un tiempo donde todo se deconstruye, deslocaliza, y por lo tanto, se decodifica.

Por todo lo expuesto, concordamos con Dufour (2009) cuando expone un cuadro agudo acerca de la fuerza de los tentáculos del capitalismo, que más allá de los cuerpos, en su pleno proceso de desarrollo observado en la contemporaneidad, toma las mentes de los sujetos. Hecho puesto en marcha en función de la debilidad de la razón y de la capacidad de juzgamiento llevada a cabo por la

excesiva necesidad de instrumentalización –de la supremacía del valor de la técnica sobre las referencias y valores
de cuño filosófico-existencial–, resultando en un proceso
de desimbolización del mundo, proceso generador de una
verdadera "mutación antropológica", ya que "en la medida
en que todo garante simbólico de los intercambios entre
los hombres tiende a desaparecer, lo que cambia también
es la condición humana" (Dufour, 2009: 20).

> En el próximo capítulo trataremos de categorizar lo que
> significa "autoridad" bajo distintos tiempos a partir de los
> cuales se construye y se organiza el concepto, y bajo distintas
> epistemologías, a fines de mirar algunas de las posibilidades
> a partir de las cuales ha sido factible, a lo largo de los siglos,
> pensar sobre esta temática. Traeremos diferentes puntos de
> vista teniendo por base la idea acerca de la cual el sujeto se
> construye en su tiempo histórico y bajo las postulaciones,
> los paradigmas y los presupuestos relativos a este tiem-
> po, que se fortalecen en función de la importancia y de la
> magnitud de las representaciones a partir de las cuales se
> "naturalizan" algunos comportamientos y posturas. El hecho
> de traer distintas teorías y visiones producidas desde las
> ciencias políticas y sociales nos parece importante, dada su
> capacidad de suministrar recursos para pensar la temática
> de la autoridad y sus atravesamientos en la actualidad,
> tiempo donde la asimetría más parece una aberración que
> una posibilidad de posicionarse frente al otro.

2. La autoridad en cuestión

En el capítulo anterior hemos trazado un cuadro de la actualidad a fines de reflexionar sobre las concepciones de carácter epistemológico observadas en la realidad y su articulación con lo concreto, que se presenta bajo la intervención humana en el escenario social. Ante esto, logramos aprehender la idea de un tiempo en que se puede identificar un mosaico de fenómenos que van desde la irrupción de nuevas sensibilidades, valores y creencias, dado el creciente sentido de lo privado y la exacerbación de las ideas de individuación, del narcisismo y del hedonismo, hasta la identificación de un modelo vivencial con énfasis en la pluralidad, la flexibilidad, y por lo tanto, en una nueva lógica con base en el consumo, donde todo se transforma en mercancía. Todo esto corrobora la idea que trae a la plasticidad como característica intrínseca a la representación de los eventos, adecuada a los tiempos que se configuran flotantes, inciertos y polisémicos.

Paralelamente a esto, tratamos el fenómeno de agotamiento del Estado dado por las frecuentes mudanzas en la configuración geopolítica y económica, así como la crisis de los sentidos y de los significados de lo cotidiano, que afecta tanto al yo como instancia individual (de ahí la idea de descentramiento), como a lo externo, representado por las personas, los objetos y las instituciones que conforman el mundo del sujeto.

Teniendo en cuenta el escenario social de la contemporaneidad, pudimos constatar que las nuevas configuraciones referentes a la representación de la familia, la escuela, la Iglesia y el Estado (como instituciones clásicas), más allá de las nuevas configuraciones en el mundo del trabajo y de la intimidad, son cuestiones preponderantes en el trazado de la cartografía de este tiempo que incide sobre el sujeto tensionándolo en una demanda por respuestas ante la complejidad de la vivencia de lo cotidiano.

En este capítulo trataremos el tema *autoridad*, proponiendo una visión general desde los cambios ocurridos en función de las transformaciones en el contexto de la historia –intentando aprehender su significado dominante en distintos momentos– hacia los recortes relativos a la cuestión de la autoridad bajo la perspectiva de las distintas epistemologías: el campo de la filosofía; de las ciencias sociales y políticas; de la psicología, a partir de las contribuciones psicoanalíticas de Freud; y por fin, sus atravesamientos desde el campo de la educación.

En el campo de la filosofía, trataremos el tema autoridad a partir del estatuto dado por un pacto, desde el cual se entiende que la obediencia es el factor preponderante como marca de la aceptación de la asimetría. Este aspecto será tratado con más vigor a partir de la mirada de Arendt, cuyo texto central abordado en este estudio es *¿Qué es la autoridad?* De ello retiramos aportes para comprender la relación de autoridad como representante de la tradición, por su carácter de celo con el pasado y su carácter de referente simbólico. La autoridad, según la autora, sugiere una relación asimétrica entre sujetos, donde esta asimetría, lejos de ser un factor perjudicial, es requerida como una condición para la adhesión, constituyéndose como una desigualdad legítima que proviene, entre otros aspectos, de la legitimidad de las instituciones.

En el campo de las ciencias sociales, el estatuto abordado será la relación de poder intrínseca a la condición de autoridad. Para tal objeto, recurriremos a Weber. La elección de este sociólogo frente a otros de igual importancia –como Durkeim– se dio por el desvelo de este teórico con respecto a la historicidad de los sujetos, o sea, por su intención de extraer de las acciones individuales su contenido simbólico, a fines de captar la relación de sentido de la acción humana. Su idea de poder, entendido como "la posibilidad de imponer la voluntad propia al comportamiento ajeno", se encuentra involucrada en sus estudios en el campo de la política; y la idea de autoridad, bajo este contexto, tiene por base el despliegue de la naturaleza de los elementos esenciales configuradores del Estado. La representación weberiana de autoridad es constituida por la figura que encarna el poder, que en su visión, puede hacerse cargo de distintas estrategias como recurso para obtener la colaboración de los subordinados. Al suponer la resistencia ante los mandatos, así como al incorporar la idea de dominación, los presupuestos weberianos se distancian de la representación de autoridad propuesta por Arendt, presentándose así como un contrapunto importante en el estudio del tema. Para tal fin, tomaremos el texto "Tipos de dominación y formas de legitimidad" como referencia principal.

En el campo de las ciencias sociales también trabajaremos el pensamiento de Pierre Bourdieu, sociólogo que se ocupó, a lo largo de su vida, de desarrollar una sofisticada teoría relativa a los campos de producción simbólicos. Sus reflexiones se asentaron en el principio de que las relaciones de fuerza en el campo social son atravesadas por relaciones de sentido que vienen a conformar el juego entre los agentes sociales en el campo, entendido como el espacio donde se traban las luchas por el poder. Este espacio de poder se configura a partir de una cantidad mínima de capital específico de orden económico, social y cultural, a fines de garantizar una posición dominante en un campo determinado, conformando el capital simbólico, categoría de vital importancia en la comprensión de la temática de la autoridad.

En el campo psicológico, tomaremos a un teórico cuya influencia ha sido fundamental en la construcción de nuevos paradigmas en el entendimiento de la *psiqué*: Sigmund Freud, que al engendrar el concepto de inconsciente, promueve una ruptura epistemológica, inaugurando aquello que denominó *metapsicología*. Su distinción e importancia en la perspectiva de buscar nuevas lecturas acerca de la cuestión de la autoridad se da en función de afirmar que el sujeto humano, subjetivamente, se constituye a partir de una figura de autoridad personificada en la imagen que representa la función paterna. De ahí se verifica la condición dialéctica humana: la tensión entre los deseos de libertad, por un lado, y los deseos de pertenencia y protección, por el otro.

Del saber psicoanalítico tomaremos la idea de *identificación* como elemento fundamental en la construcción de la figura de autoridad para el sujeto. Para tal fin, buscaremos contribuciones en los textos *Tótem y tabú* y *Psicología de las masas y análisis del yo*, dos de los trabajos del ámbito social del Psicoanálisis. Se hace importante resaltar el presupuesto del autor respecto al carácter ambivalente de la obediencia: tanto puede representar la aceptación cuanto la hostilidad, implícita o no, en la relación con el otro. Esto también es un aspecto distintivo de la discusión de Arendt.

Por fin, en el campo de la educación, la cuestión de la autoridad será articulada teniendo en cuenta los cambios engendrados por la Modernidad, responsables por introducir nuevas demandas sociales que terminarían por reconfigurar a los sujetos y a las instituciones. Así, la autoridad en el ámbito educativo se ve cuestionada por su carácter anacrónico, ya que el cuestionamiento sobre su sentido político se da en función de las múltiples rupturas que engendran nuevos tiempos en la historia. El abordaje del tema se dará a partir de las contribuciones de tres de las teorías que fundamentan y repercuten en los movimientos educacionales presentes en la Modernidad. Elegimos las contribuciones de John Herbart, John Dewey y Paulo Freire, y su articulación con los conceptos de autonomía y libertad que cada una de ellas comporta.

2.1 Inspiraciones para pensar la autoridad

Desde tiempos inmemoriales se sabe de la existencia de figuras de autoridad, aunque la propuesta de legitimar una autoridad bajo la perspectiva de la creación de una idea distinta del poder, que subsiste a través de leyes que exprimen una voluntad pública y colectiva sometida a una gama de instituciones, ocurra a partir de hipótesis de la cultura greco-romana. Antes de esto, el poder se caracterizaba por estar vinculado a una particular figura que encarnaba la autoridad, siendo esta la autora de la ley y de la justicia. En este modelo, la identificación entre el ocupante del poder y el propio poder la tornaba pasible del ejercicio de un modelo de autoridad de perfil arbitrario.

Al "inventar" la esfera pública, los griegos y los romanos acabaron por desinvertir a la figura de la autoridad del poder supremo. Los griegos, y posteriormente los romanos, incluso trataron de distinguir entre dos tipos de autoridad vigentes en la esfera social: la autoridad pública, colectiva, constitutiva por el ciudadano y figura a partir de la cual la política mejor se realizaba; y la autoridad privada, denominada en griego *déspotes*, representada por la figura del jefe de familia, detentor de la autoridad absoluta expresada por su voluntad (la ley), organizada bajo una ética particular.

Desde la caída de las monarquías con derecho divino y de lo que podría llamarse el desmantelamiento de la idea de un poder teológico-político de orden privado, dominante en la Edad Media, la Modernidad tiene como propuesta reconfigurar la esfera pública proponiendo un nuevo trato con las relaciones de fuerza, los conflictos y las divisiones –expresados a partir de la diferencia característica de toda la sociedad–, de modo de permitir la simbolización de la unidad llevada a cabo a partir de la legitimación de las instituciones y del engendramiento de las leyes que regulan a todos.

La Modernidad, a pesar de toda su preocupación por la legitimación de las instituciones cuya principal función consistía en organizar la esfera colectiva, lleva en su seno el proyecto burgués de relación con el conocimiento y la libertad (como la capacidad de creación), factores determinantes de su autonomía.

Teniendo el individualismo como marca, el drama del sujeto de la Modernidad se produce en la compleja relación con un propósito de vida de carácter social, colectivo, y por así decirlo, organizado. Lo que está en cuestión en este tiempo histórico –y según parece, perdura en los tiempos actuales– es el encuentro con la alteridad, con la figura del otro, que se refiere a una dimensión colectiva. En este sentido, la relación con la figura de autoridad se muestra perjudicada, dadas las demandas del sujeto de convertirse en el dueño de sus propias decisiones, y en definitiva, de su propia historia.

Estando la dimensión política subyugada a su autonomía, sometiendo a la ética (campo de virtudes) a la afirmación de una moral de cuño subjetivo, el sujeto de la Modernidad terminaría por inviabilizar las relaciones de molde colectivo. De ahí la necesidad de la creación de un contrato ordenador de la vida social de los sujetos. En este, la esfera ética se presta a organizar, entre otras cosas y en un campo propio, la idea de que la autoridad no es legítima si es arbitraria. Esto puede ser considerado como uno de las contribuciones del campo de la ética en el ámbito colectivo: el papel de desinvertir al sujeto de la legitimidad, si decide mantener su autoridad tomando solo por base la expresión de su voluntad personal, individual.

En la actualidad podemos concebir a la autoridad como un principio que está estrechamente relacionado con la jerarquía, identificada como legítima. Es, por así decirlo, una relación de desigualdad autorizada, dadas las reconocidas calidades de un sujeto o una institución frente a un determinado grupo social que toma para sí las funciones relacionadas con la política de ordenación del territorio.

Así, podemos decir que si el retorno al pasado nos ofrece contribuciones para pensar el presente de una manera más sustancial, en el ejercicio de remontar la historia, hemos observado que, en el período medieval, el principio de legitimidad fue teñido de colores bien distintos de aquello observado en los tiempos modernos: en aquel, el principio de legitimidad se basaba primordialmente en el aspecto biológico, en el derecho de la sangre, en el linaje.

En ese momento de la historia, los derechos humanos en sus esferas ética y moral subyacían al poder soberano del rey, cuya unción divina por sí misma le confería legitimidad. Por lo tanto, violar o transgredir las disposiciones legales, o más concretamente, no obedecer a ciertos principios determinados por el soberano, hubiera significado transgredir las leyes naturales, ya que el rey estaba dotado de un aura mística de poder. Incluso la idea de justicia, tan cara a la Modernidad, tuvo una representación distinta en la concepción medieval: la que informaba que cada uno ocupaba su lugar en el mundo –dictada por un poder organizador del cosmos–, no siendo posible que el hombre pudiera cuestionarla. El rey justo expresaba su justicia por la caridad a los pobres y por su magnanimidad en el tratamiento a los ricos.

Las crisis empiezan cuando el carácter de incuestionable legitimidad de los soberanos comienza a ser discutido al colocarse en jaque los fundamentos representativos de lo que podría llamarse un "buen gobierno" (aquí representando la imagen que encarna el poder). Al demandar un gobierno eficaz, los súbditos parecían proponer que el soberano debía encarnar valores otros, además de la bondad y la magnanimidad. Así, al evaluar sus estrategias a la luz de su capacitación en la función de la gestión de la economía de su territorio, el rey, cuyos requisitos de gobernabilidad estaban en transición, necesitaba explicitar distintas habilidades que se encontraran más allá de su linaje.

Por lo tanto, los reyes de la Modernidad, subyugados al mercantilismo –dadas las características del tiempo histórico en el cual se encontraban– se veían sometidos al cuestionamiento de sus cualidades, y por lo tanto, debiendo mantener su legitimidad reconociéndola como parte de una estructura de poder que solo se mantendría por su capacidad de anudar su imagen a la imagen de lo que podría llamarse el "bien público". A partir de este momento histórico, la legitimidad empieza a ser mirada como un principio de eficiencia vinculada a una persona que adquiere el derecho de mando por su conducta eficaz: garantizando su legitimidad por su eficacia. De ahí la diferencia entre la línea tradicional de los reyes, operando sobre la base del derecho sagrado, y de los reyes de la Modernidad, que al adherir a un modelo de gestión para la eficacia, entendida aquí como la capacidad de promover el bien público, "abren espacio" a la llegada de la República.

Partiendo de la idea de que la legitimidad es lo que va a garantizar el principio ético en las relaciones sociales, se puede suponer que es a partir de un consenso social específico, libremente manifiesto, que el principio de legitimidad se afirma como la calidad (deseable) del poder.

2.2 La autoridad bajo la perspectiva de distintas epistemologías

2.2.1 La filosofía y la problematización de las consecuencias del derrumbe del valor de la tradición

Hasta aquí parece clara la idea de un movimiento de apagamiento de los bordes sociales, que demarca el recorrido de la historia. Se observa en la sociedad una

creciente ruptura con los valores tradicionales, tanto como
una inclinación hacia la debilidad de los vínculos con la
moralidad social, política y religiosa, reforzando así la idea
de que cuanto más plurales son las formas de vida, más
se alteran las posibilidades de emprender relaciones que
tengan por base la autoridad.

De acuerdo con Arendt (1960/1992a), la relación de
autoridad es siempre una relación conservadora en el
sentido de que supone la fuerza del celo con el pasado.
Sugiere una relación asimétrica entre sujetos donde esta
asimetría es requerida como una condición para la adhesión. En este sentido, representa una desigualdad legítima
que proviene, entre otros aspectos, de la legitimidad de las
instituciones y la jerarquía que las preside.

La autora, en el texto *¿Qué es la autoridad?*, expresa su
preocupación por la creciente y profunda crisis de autoridad
observada en la contemporaneidad, señalando desde la
incomprensión del término, hasta la preocupación con los
rumbos tomados por la historia de la Modernidad, relativos
a una crisis de base y naturaleza políticas:

> Para evitar equívocos, tal vez habría sido más sensato pre-
> guntarse qué fue y no qué es la autoridad, pues considero que
> tenemos el estímulo y la ocasión suficientes para formular
> la pregunta, porque la autoridad se ha esfumado del mundo
> moderno. En vista de que no podemos ya apoyarnos en ex-
> periencias auténtica e indiscutiblemente comunes a todos,
> la propia palabra está ensombrecida por la controversia y
> la confusión (Arendt, 1960/1992a: 101).

Para la autora, el síntoma más significativo de la crisis,
iniciada por el movimiento de ruptura con la autoridad
tradicional, es su expansión hasta el campo de la educación,
que se observa por el derrumbe de la idea de la autoridad
como imperativo natural. Esto, aparentemente, se da con
el objetivo de defender y organizar un espacio común,
además del mantenimiento de un modelo de gestión no

muy comprendido en las instituciones: el modelo democrático. La autora, ya en aquellos tiempos, se cuestionaba
en relación con la concepción de autoridad: "Tanto en la
práctica como en la teoría, ya no estamos en condiciones
de saber qué es verdaderamente la autoridad" (*op. cit.*: 102).

Para reflexionar acerca del tema, la autora parte de
la idea de que la respuesta no pueda estar solo en el ejercicio de descubrimiento o definición de su naturaleza,
sino en la búsqueda de las fuentes relativas a lo que ha
sido la autoridad históricamente, rescatando su fuerza
y significado; y por otra vía, en el ejercicio dialéctico, intentando descubrir lo que la autoridad jamás fue en la
historia de la humanidad. Así, se esfuerza por distinguir
a la autoridad del poder y de la violencia, argumentando
que por demandar obediencia, la autoridad no debe ser
confundida con la coacción, pues "se usa la fuerza cuando
la autoridad fracasa" (ibídem). Defiende que la autoridad
dispensa la persuasión con argumentos, sustentando la
idea de que buscar la adhesión por la vía de la persuasión
con argumentos desvela una relación entre iguales, que no
caracteriza a la noción de autoridad. Así, ante la necesidad
de argumentación, la autoridad solo puede ser percibida
en la situación de latencia. En esta situación se desvela la
idea de jerarquía, que es relativa a un puesto ocupado en
un tiempo específico y no a una condición intrínseca al
sujeto y reconocida por los demás.

A fines de remontar los aspectos constitutivos del
concepto, la autora convoca a Platón. Por la vía del análisis
de las distintas formas de manejo de los asuntos internos
y externos de la *polis* en la Grecia antigua –que se daban
respectivamente por la vía de la persuasión o de la fuerza, incluso por el uso de la violencia–, la autora descubre
que históricamente "la pérdida de autoridad es tan solo
la fase final, aunque decisiva, de un desarrollo que durante siglos socavó sobre todo la religión y la tradición"

(Arendt, 1960/1992a: 103), defendiendo que el fenómeno de la pérdida de autoridad engendró una inestabilidad que también invadió el campo político, ya que los derrumbes de la tradición y de la religión se convirtieron en hechos políticos primordiales.

A fines de comprender la articulación de los hechos que permiten aprehender los significados que se hacen dominantes en un momento de la historia determinado, la autora señala la importancia de reflexionar sobre la distinción entre los términos que, en principio, parecen representar lo mismo, pero solo pueden representarse como sinónimos cuando se habla con demasiada amplitud sobre el proceso histórico como tal. Uno de estos ejemplos se da por la confusión entre los términos tradición y pasado: "La innegable pérdida de la tradición en el mundo moderno no implica una pérdida del pasado, porque tradición y pasado no son lo mismo" (ibídem). La pérdida de la tradición habla de la pérdida del hilo que funcionó como guía hasta el pasado, que por su carácter organizador de una memoria común, tendría la tarea de mantener activa la dimensión de profundidad de la existencia humana: "El hombre no puede lograr la profundidad si no es a través del recuerdo" (Arendt, 1960/1992a: 104). Situación semejante, de acuerdo con la autora, ocurrió con la religión: "En la época moderna, no es la fe cristiana como tal, sino la cristiandad [...] la que está agobiada de paradojas y absurdos" (ibídem).

En consonancia con su propuesta de distinguir los términos a fines de construir un análisis substancial acerca de los rumbos de la autoridad, la autora señala la distinción entre fe y religión, que de ninguna manera configuran lo mismo; prueba es que de acuerdo con la autora, la pérdida de la creencia en los dogmas de la religión institucional no implica la pérdida de fe -ni siquiera necesariamente una crisis de la fe, ya que solo a la creencia comportan las dudas-, aunque se pueda pensar en puntos de vulnerabilidad en la representación de la fe, a partir de la crisis instalada en la religión en su carácter institucional.

Acerca de lo que la autora denominó "moderna pérdida de la autoridad", sustenta la idea a partir de la cual la autoridad es un fundamental referente al sujeto por su poder de proporcionarle una sensación de estabilidad y permanencia, dada por su base en los cimientos del pasado. Así, de acuerdo con la autora, "si se pierde la autoridad, se pierde el fundamento del mundo" (Arendt, 1960/1992a: 105). Los cambios ocurridos en el ritmo cada vez más constante engendrarían una condición de inestabilidad e inseguridad humanas, produciendo una sensación de pérdida de referencias: "Como si estuviéramos viviendo en un universo proteico y lucháramos con él, un universo en el que todo, en todo momento, se puede convertir en cualquier otra cosa" (ibídem). La autora, además de apostar a la idea de que la pérdida de la seguridad no produce, necesariamente, la pérdida de la capacidad humana de "construir, preservar y cuidar" el mundo a fines de mantener la supervivencia de las próximas generaciones, ve esta capacidad muy cercana a la actitud de responsabilidad ante el otro, característica fundamentalmente ligada a la condición de autoridad.

Arendt insiste en el cuidado de los conceptos, proponiendo que se establezcan las debidas distinciones entre los términos, a fines de que se pueda garantizar una comprensión mínima de su sentido común. Esto se da en función de que los términos, en esta fase de la Modernidad, no presentan un significado incuestionable, sino desvelan un mundo de significación propio, producido bajo la carencia de sentido, ya que a fines de garantizar la coherencia de la argumentación, bajo esta lógica, lo que se requiere en los discursos y reflexiones acerca de temas sociales importantes es que "cada uno sea coherente dentro de su terminología personal" (Arendt, 1960/1992a: 106), privilegiando el formalismo en lugar de la comprensión.

La autora incluso se ocupa de marcar los posicionamientos de dos de las teorías contenidas en los campos de
las ciencias sociales, políticas e históricas que atraviesan
la temática de la autoridad: la primera habla de la importancia dada por las teorías liberales a las cuestiones relativas al progreso y a la libertad vinculada con los sujetos y
con el campo de la política, y su insistencia en considerar
que cualquier movimiento en dirección contraria a esto
se configuraría en un proceso reaccionario. Tal posicionamiento (de carácter liberal) produciría equívocos respecto a la distinción entre legitimidad e ilegitimidad de
los gobiernos, ya que cree en la capacidad de corrupción
engendrada por el poder, y por lo tanto, en la necesidad
de cambio desconsiderando los principios relativos a sus
distintos orígenes. Así, al defender la libertad a cualquier
precio, tal teoría tendería a ver cualquier posibilidad de
limitación como una tendencia totalitaria:

> Donde el escritor liberal ve un progreso en esencia asegu-
> rado que marcha hacia la libertad, y que solo se interrum-
> pe temporalmente por alguna fuerza oscura del pasado,
> el conservador ve un proceso destructivo iniciado con la
> disminución de la autoridad, de modo que la libertad, per-
> didas las restricciones que protegían sus fronteras, se vio
> inerme, indefensa y condenada a la destrucción (Arendt,
> 1960/ 1992a: 107).

Su par contrario, el conservadorismo, trata de la cuestión de la autoridad poniendo acento en su importancia
para la manutención de una escala de valores percibida
como fundamental en la estructuración de los procesos
de gobernabilidad, y en consecuencia, en la manutención
de las instituciones. Según la autora, el posicionamiento
conservador, más allá de intentar reafirmar la temática de
la autoridad, la debilitó. Lo mismo ocurrió con el discurso
liberal, que al suprimir las líneas que distinguen libertad
y autoridad, llevó a la destrucción de su significado. No

obstante su insuficiencia, dado su fundamento teórico y
su correspondiente aplicación a las formas e instituciones
de existencia objetiva, las teorías conservadora y liberal,
en el fondo, son caras de la misma moneda, "así como sus
ideologías de progreso o retroceso corresponden a las dos
posibles direcciones del proceso histórico como tal" (*op.
cit.*: 111). Son representantes de la conciencia histórica,
de expresión política, del último ciclo de la era moderna,
tiempo en el cual los términos empezaron a perder su
credibilidad "porque habían descuidado su alcance en la
realidad política y pública, aunque sin perder nada de su
significado" (ibídem).

La segunda teoría que según la autora se acerca a la
temática de la autoridad es el funcionalismo, responsable
de producir grandes confusiones entre las ideas y los conceptos relativos a la cuestión de la autoridad, respetando
apenas los énfasis y la valoración contenidos en su base. De
acuerdo con la autora, esta teoría conforma los conceptos
y categorías de forma distorsionada, ya que trabaja a partir
de argumentos débiles e inconsistentes. Luego, bajo esta
forma de reflexionar, no habría distinción entre autoridad
y violencia, ya que ambas tienen la misma utilidad funcional, o sea, ambas cumplen la tarea de hacer obedecer
a las personas. Por esta lógica se pueden generar grandes
equívocos en la justificación de situaciones de exceso y
autoritarismo, ya que "el punto medular del argumento
es siempre el mismo: todo está relacionado a un contexto
funcional" (Arendt, 1960/1992a: 113).

A fines de responder a la cuestión relativa a la pérdida
de validez del concepto de autoridad en la Modernidad, la
autora informa que la idea de la autoridad no siempre exis-
tió en las comunidades humanas, por eso busca su origen
romano: "Ni la lengua griega, ni las variadas experiencias
políticas de la historia griega muestran un conocimiento
de la autoridad y del tipo de gobierno que ella implica"

(Arendt, 1960/1992a: 115). Volviendo a recurrir a la filosofía de Platón, a partir de la idea del rey-filósofo, donde el dominio de los asuntos humanos está fuera de su campo de acción, así como a Aristóteles, que estableció un concepto de autoridad con base en gobernantes y gobernados, la autora trata estos abordajes con el sentido de delimitar las esferas pública y privada, así como distinguir entre lo que se considera libertad a partir de los parámetros de la Modernidad y la idea de libertad que en la antigüedad clásica descansaba bajo el dominio de la necesidad. Así, la distinción entre viejos y jóvenes se daba en función del estatus de cada uno: aquellos, gobernantes a quienes pesaba educar a los jóvenes para el poder, y estos, preparándose a fines de participar de la gestión de los asuntos públicos. Arendt incluso está atenta en cuanto a la distinción del acto de educar, que se puede prestar al sencillo fin de la dominación:

> En términos políticos, la autoridad puede adquirir un carácter educacional, solo si presumimos con los romanos que, en todas las circunstancias, nuestros antepasados representan un ejemplo de grandeza para toda generación posterior, que son los mayores, los grandes por definición (Arendt, 1960/1992a: 130).

También se ocupó del carácter sacralizado de la fundación de la autoridad, por su carácter de validez dado su poder de enlace religioso: "En este contexto aparecieron, en su origen, la palabra y el concepto de autoridad (*op. cit.*: 133). En ese marco, aquellos que detentaban la autoridad eran "los ancianos, el Senado o los *patres*" que la obtenían por la vía de la ascendencia o de la tradición: "La autoridad de los vivos siempre era derivada [...] de la autoridad de los fundadores que ya no estaban entre los vivos" (ibídem). De las raíces de la iglesia, además, se puede identificar la distinción entre autoridad y poder adoptada por los

romanos: "La era cristiana se apoderó de aquella trinidad
romana de religión, autoridad y tradición [...] y adoptó de
inmediato la distinción entre autoridad y poder" (Arendt,
1960/1992a: 138). Así, la autoridad, que antes pertenecía
al Estado, se ve en las manos de la Iglesia, y el poder en
las manos de los príncipes terrenales. La separación entre Estado e Iglesia implicó la pérdida de la autoridad del
campo de la política, tornando vulnerable su estructura,
tanto como el mantenimiento del carácter de "durabilidad,
continuidad y permanencia" (ibídem).

Cabe aquí resaltar los principios de la filosofía griega
incorporándolos a la estructura religiosa misma, o sea, a sus
doctrinas y dogmas de fe, fusionando el concepto político
romano, en cuya base se encontraba una fundación en el
pasado, absorbiendo también nociones respecto a medi-
das y reglas trascendentes: "Desde entonces se ha visto
[...] que cada vez que se dudaba de uno de los elementos
de la trinidad romana religión-autoridad-tradición o se lo
eliminaba, los dos restantes ya no estaban firmes" (Arendt,
1960/1992a: 139). De ahí el comentario acerca de los errores
de Lutero y Hobbes, y por fin, de los humanistas, al creer
que la disolución de la trinidad mantendría cada uno de
sus elementos en su orden específico.

La cuestión relativa a la desaparición del único elemento político en la religión tradicional, el miedo a los castigos
divinos, es la consecuencia, según la autora, "más significativa de la secularización de la Edad Moderna"(Arendt,
1960/1992d: 145), que al adherir a un nuevo orden político,
promueve el derrumbe de la idea de la fe en un estado futuro
de premios y castigos: "Las ideologías modernas, ya sean
políticas, psicológicas o sociales, son más adecuadas para
lograr que el alma del hombre se vuelva inmune al duro
impacto de la realidad que cualquier religión tradicional
reconocida" (*op. ct.*: 146). Así, para la autora, la verdadera
crisis por la que pasa la Modernidad es política, dada "la

ruina subrepticia de los cimientos romanos del campo político" (*op. cit.*: 151), contestando a la idea de que las revoluciones de este tiempo van en dirección de la libertad:

> Las revoluciones de la época moderna parecen esfuerzos gigantescos para reparar estos cimientos, para renovar el hilo roto de la tradición y para restaurar, fundando nuevos cuerpos políticos, lo que por tantos siglos dio a los asuntos de los hombres cierta medida de dignidad y grandeza (Arendt, 1960/1992d: 152).

Así nos cabe, a partir de esta hipótesis de Arendt, cuestionar el carácter de legitimidad de lo que se denomina autoridad en la contemporaneidad, incluidas las instituciones de cuño familiar, educacional y político, dado el reconocido distanciamiento de la tradición (testigos de los antepasados), así como su desapego a la propuesta de poder consagrar el presente a partir de las raíces del pasado. Por la vía de esta propuesta, las posturas relativas al compromiso y a la responsabilidad se presentarían como un fuerte referencial relativo al reconocimiento de una genuina figura de autoridad.

Sobre la libertad, otro de nuestros temas fundamentales en este capítulo, Arendt (1960/1992d) comenta el concepto y su giro desde el campo filosófico a partir de la distorsión dada en el intento de transponerla desde su espacio original, el campo de la política, y por consiguiente, de lo colectivo: "El campo en el que siempre se conoció la libertad, sin duda no como un problema, sino como un hecho de la vida diaria, es el espacio político" (p. 157).

Este giro, que hizo ubicar a la libertad en el espacio individual del sujeto, distorsiona el criterio antiguo, a partir del cual el sujeto solo podría liberarse a sí mismo por la vía del reconocimiento de su poder sobre los otros, definiéndose así su lugar distinto en el mundo. La idea de una libertad basada en las necesidades del propio yo y no más en la

relación interpersonal con los otros sujetos se dio a partir de
un movimiento hacia el despliegue de lo colectivo, rumbo
a la expansión de la individualidad. Luego, según la autora,
es posible identificar su surgimiento: "Desde el punto de
vista histórico, es interesante anotar que la aparición del
problema de la libertad en la filosofía de Agustín estuvo
precedida por el intento consciente de separar la noción
de libertad de la de política" (Arendt, 1960/1992d: 159).

Antes de eso, de acuerdo con la autora, en la "Baja
Antigüedad" se podría observar un movimiento en contra
de la consolidación de la libertad en el campo de la política,
por considerarla portadora de la inestabilidad, característica
no deseable en un campo donde se busca la permanencia
y la perdurabilidad como principios fundamentales en el
mantenimiento de las entidades políticas. Este movimiento
defendía la idea de un cierto poder desorganizador contenido en la vivencia de la libertad capaz de afrentar el ideal
de participación política, proponiendo un mero ejercicio
contemplativo del mundo.

Podemos decir, bajo los presupuestos de Arendt, que en
la Modernidad, el proceso de separación entre el ejercicio
de la política y el ejercicio de la libertad se muestra tributario de los presupuestos que sobrepasan la antigüedad,
sufren influencias de la tradición cristiana y desembocan
en la idea de algo que se aproxima más a la acción, como
atributo de la voluntad individual del sujeto, puesto que
la condición humana en la Modernidad se hace reconocer más en los campos individual y económico que en los
espacios relativos a la idea de colectividad, y por lo tanto,
relativa al público.

Así, por creer en la libertad como uno de los fundamentos de la vida común, la autora propone una reflexión
acerca de los campos de su constitución en la Modernidad,
como también sobre la necesidad de reconstrucción de
los espacios públicos, espacios de la acción y de la palabra

humanas, como condición para el ejercicio pleno de la libertad. Estos espacios públicos también trabajarían para el mantenimiento de la autonomía, que lejos de ser un concepto ajeno que remite al sujeto y sus derechos individuales, implica la sumisión a una ley común, estando ligada, de forma intrínseca, a la libertad. De esta forma, se puede concluir que libertad, autonomía y autoridad son, para la autora, categorías que remiten al orden de la política como espacio donde los sujetos humanos puedan, de forma plena, ejercer su condición humana.

2.2.2 Las ciencias sociales y sus contribuciones para pensar la autoridad en sus temas tangenciales: la cuestión del poder

En este espacio cuyo objetivo es trabajar las contribuciones del campo de las ciencias sociales, tomaremos inicialmente las ideas de Max Weber acerca de la autoridad, a fines de suministrar otra mirada sobre el tema, ya que comprendemos, como dijimos en la introducción del capítulo, que este teórico trató la temática teniendo por base el despliegue de la naturaleza de los elementos esenciales que conforman el Estado. Es necesario subrayar que su visión acerca de qué se configura como Política es distinta de la concepción de Arendt: para el autor, hay dos formas de designar el concepto, que remite desde la acción de una figura de liderazgo hasta un tipo de asociación específica del campo social: "El concepto es muy amplio y abarca cualquier tipo de actividad directiva autónoma" (Weber, 1919/2003: 7). Traemos para la discusión también a Bourdieu, cuya producción relativa a los campos de producción simbólicos es de vital importancia en la fundamentación de la discusión vinculada con la identificación de los factores que afectan el reconocimiento de las figuras de autoridad en un espacio determinado.

Inicialmente podríamos decir que la sociología weberiana se conforma bajo la idea de una ciencia que al buscar
una comprensión interpretativa de una acción social, tenía
como misión encontrar, por la vía de su curso de acción,
las causas y los efectos relativos a los fenómenos sociales,
o sea, el significado subjetivo subyacente a ellos. Para el
autor, la comprensión como forma de interpretar el sentido
o la conexión de sentidos de los fenómenos sociales sería
el único medio de ingreso a los dominios de la cultura. Así,
el alcance de los fenómenos, o sea, el análisis de la acción
sociocultural debería darse por la vía de procedimientos
metodológicos distintos de los utilizados en las ciencias
naturales. En este intento construyó el método de las ti-
pologías sociales, a fines de catalogar y confrontar, en sí y
con los otros, los hechos sociales producidos en el campo
social. Esto lleva a cabo su propuesta de comprender los
actos sociales por la vía de una concepción específica de
método, así como de objeto en la sociedad, que tanto tiene
por base el impacto de las acciones sociales individuales,
cuanto las acciones colectivas, observadas por la vía de la
identificación del poder de alcance de las instituciones.

La definición de acción social presente en los escritos
del autor pone énfasis en la conducta orientada al otro:
"La 'acción social', por tanto, es una acción en donde el
sentido mentado por su sujeto, o sujetos, está referido a
la conducta de otros, orientándose por esta en su desarrollo" (Weber, 1922/2005: 5). Por la vía de este abordaje,
podríamos decir que la conexión de sentidos sería dada
por el estudio de un caso específico, por la elección de una
cantidad de casos, o por un tipo puro, conceptual, que de
ninguna forma se podría encontrar en el mundo real, siendo pues un referente. Así, según el autor, la comprensión
sociológica se prestaría a la captación interpretativa de
sentidos o conexiones de sentidos en situaciones distintas,
y el tipo ideal sería una forma de construcción de carácter

científico, con vistas a desvelar un fenómeno frecuente, garantizando su "inteligibilidad y univocidad", dado su carácter racional y su conformación de acuerdo con un fin específico. La adopción de la construcción de tipos puros, ideales, vendría como respuesta a la comprensión de su capacidad de exponer "la unidad más consecuente de una adecuación de sentido, lo más plena posible" (*op. cit.*: 17), y no a determinar la hegemonía de la validez de concepción de un dato del fenómeno social.

No obstante su carácter de generalización a fines de precisar el contenido del concepto, la identificación de los tipos ideales no está inmune al influjo social. Por el contrario, también se alimenta, según el autor, de los constantes cambios sociales, dada la necesidad de búsqueda constante de ordenamiento de los hechos sociales y su consecuente demanda en el sentido de la construcción de conceptos que alcancen los fenómenos de orden colectivo, que a menudo surgen con nuevas facetas, engendrando nuevos repertorios conceptuales. Es importante subrayar que estos constantes cambios en ninguna medida desmerecen el ejercicio de creación de los sistemas conceptuales, ya que a los investigadores de las ciencias sociales –incluso según el autor– les cabría trabajar utilizando como herramientas las categorías sociales de su tiempo. Por otro lado, también advierte sobre una "falsa interpretación" de la tarea de las ciencias sociales, tal como trabajar en una constante búsqueda de lo nuevo, a fines de estar siempre delante de lo novedoso que se impone en la tarea de análisis de lo social. Más allá de esto, los investigadores sociales deberían prestarse al trabajo de poner en claro la significación cultural de los complejos históricos, resultantes de la acción humana.

A partir de estas aclaraciones iniciales, llevaremos a cabo nuestra intención de trabajar el texto *Los tipos de dominación*, por advertir que este es el que más se aproxima a la comprensión de lo que es la autoridad en la sociología

weberiana. Es importante destacar que bajo este pensamiento, el poder se configura como efectivo potencial
para el ejercicio pleno de la autoridad, así como se presenta como un importante requisito a fines de establecer
la obediencia. Luego, para el autor, las relaciones de dominación estarían dotadas del principio de legitimidad, y
por lo tanto, estarían dotadas de autoridad, en función de
su capacidad, descartada la evaluación relativa a la forma
adoptada, de producir obediencia: "Por dominación debe
entenderse la probabilidad de encontrar obediencia a un
mandato de determinado contenido entre personas dadas"
(Weber, 1922/2005: 43).

En la sociología weberiana, los conceptos de poder,
autoridad y dominación se mezclan, porque el autor con-
sideraba el concepto de poder como algo un tanto impre-
ciso: "El concepto de poder es sociológicamente amorfo"
(ibídem). Considerando que la situación de dominación
depende de "la presencia actual de alguien mandando efi-
cazmente a otro" (ibídem), en este texto trabajaremos con la
idea a partir de la cual la figura de autoridad es aquella que
detenta las herramientas para hacer cumplir un mandato
social determinado, siendo esta figura reconocida como
legítima por el poder que encierra.

Una idea, como se puede observar, absolutamente
distinta a la de Arendt, para quien la autoridad solo se
configuraría como auténtica en caso de que los sujetos
aceptaran, de común acuerdo, la relación de asimetría con
el otro, el que se daría por el reconocimiento del valor del
otro otorgado en función de su conexión con el pasado,
determinando ahí la fuerza de la tradición. Por lo tanto,
no estaría necesariamente ligada al poder, y –es necesario
marcarlo– el ejercicio de la dominación en este contexto
representaría, por así decir, su antítesis.

Retomando a Weber, en su obra se puede observar
que la autoridad –definida como un tipo de dominación

donde también se encuentra implícita la cuestión del uso del poder– puede mantenerse bajo diversos motivos de sumisión: "Desde la habituación inconsciente hasta lo que son consideraciones puramente racionales con arreglo a fines" (Weber, 1922/2005: 170), siendo la obediencia "esencial en toda relación auténtica de autoridad" (ibídem). De esta manera, y por no contentarse con un modelo de obediencia voluntario –o sea, probabilístico–, las distintas clases de dominación se esfuerzan por encontrar formas de promover la creencia en su legitimidad. En este sentido, en la sociología weberiana se distinguen las clases de dominación según pretensiones de legitimidad distintas y con fundamentos específicos. A saber: la dominación legítima de carácter racional o legal, que engendraría la autoridad legal; la dominación legítima de carácter tradicional, donde pesa el celo por el pasado, y referente a la autoridad tradicional; y por fin, la dominación legítima de tipo carismática, que se da en función de un hecho de carácter extraordinario de uno, que a su vez, engendraría un tipo de autoridad relativa a una característica de orden personal, de ahí su denominación. Este estudio intenta presentar una problemática que se configura esencial para comprender cómo se puede mantener una posición de autoridad, y las posibles justificaciones al recurrir a los medios más arbitrarios relativos a la obtención de la obediencia, o sea, a la adhesión de los miembros.

En el primer tipo de dominación legítima presentado por Weber, el de carácter racional-legal, el modelo de autoridad es referido a una función de carácter burocrático: "El tipo más puro de dominación legal es aquel que se ejerce por medio de un cuadro administrativo burocrático" (Weber, 1922/2005: 175), y su *ethos* tanto puede ser una orden religiosa, un "hospital de fundación", un sindicato, un colegiado escolar, cuanto un espacio de representación de las distintas esferas del gobierno, en sus igualmente distintas instancias (no obstante el autor trate de referirse a los más diversos modelos de asociaciones "modernas"). En este tipo particular de dominación legitimada, la obediencia es requerida con base en una jerarquía de funciones, y el fundamento de la labor, basado en el estatuto, se da por la vía de la disciplina, cualidad altamente requerida de sus miembros, como también la formación profesional:

> La administración burocrática significa dominación gracias al saber: este representa su carácter racional fundamental y específico. Más allá de la situación del poder condicionada por el saber y la especialidad, la burocracia (o el soberano que de ella se sirve [la autoridad]), tiene la tendencia a acrecentar aún más su poder por medio del saber de servicio: el conocimiento de hechos adquirido por las relaciones de servicio o "depositado en el expediente" (Weber, 1922/2005: 179).

El segundo tipo de dominación legítima presentado por Weber, el de carácter tradicional, descansa sobre la idea del poder enraizado en la autoridad, confirmada por la legitimidad conferida por la vía de la tradición, donde "el señor, o los señores, están determinados en virtud de reglas tradicionalmente recibidas" (Weber, 1922/2005: 180). En este tipo de dominación, la autoridad actúa de acuerdo con valores y principios de orden particular, siendo su actuación fuertemente influenciada por la "afectividad". El autor apunta hacia su tipo más puro: el patriarcalismo, cuya autoridad es encarnada en un sujeto que tiene sus órdenes respectivas por la vía de la fuerza de la tradición, y donde los cambios de las reglas, en vista de una posible demanda de transformación de las reglas esenciales que rigen este tipo de dominación, representan, en principio, algo del orden de lo imposible. También el autor trata de señalar la gerontocracia en los casos donde el poder tradicional es ejercido por un tipo específico de asociación, donde la autoridad es representada por los mayores, considerados "los mejores conocedores de la sagrada tradición" (*op. cit.*: 184).

Acerca de la coexistencia entre la gerontocracia y el patriarcalismo, el autor comenta incluso que estos dos modelos insertos en el tipo de dominación tradicional pueden unirse en función del reconocimiento, por parte de los dominados, de que la autoridad es definida con base en un derecho propio, de plataforma ancestral, y donde los "súbditos" o dominados se someten por la vía del vínculo personal de fidelidad para con la autoridad. Distintamente del tipo de dominación racional-legal, donde la autoridad tiene legitimidad por la vía de las reglas establecidas objetivamente, en el tipo de dominación tradicional la obediencia es dirigida a la persona que encarna la autoridad para el grupo, con base en una determinación que está más allá de la creación humana.

Por fin, en el tipo de dominación denominada carismática, la autoridad se designa por la fuerza de un determinado poder relativo a un "dote" especial o a un hecho extraordinario: "Una personalidad por cuya virtud se la considera en posesión de fuerzas sobrenaturales o sobrehumanas" (Weber, 1922/2005: 193). La autoridad se mantiene, en principio, por la capacidad de influenciar en el grupo, despertando en sus miembros la lealtad y la obediencia, así como la obligación consentida, o sea, asumida por fuerza de la voluntad y no de una obligación externa, de prestarle reverencia. El autor pone acento en la idea de que en este caso especifico, no es el reconocimiento de la autoridad el fundamento de su legitimación, sino un deber de los llamados: "Este 'reconocimiento' es, psicológicamente, una estrategia plenamente personal y llena de fe surgida del entusiasmo o de la indigencia y de la esperanza" (*op. cit.*: 194).

La demanda por un fenómeno que el autor denominó "rutinización del carisma" –una forma de cimentar la

posición ideal de la autoridad, objetivando una base cotidiana duradera– se dio en función de la vulnerabilidad a la
cual estaba sometida la autoridad en este caso específico de
dominación, que se basaría y se mantendría objetivamente
solo en cuanto sus dominados mantuviesen el deseo de
sustentarla, o sea, en cuanto los dominados reconociesen
en la figura de autoridad cualidades en consonancia con
sus aspiraciones. Otro caso en el cual opera la rutinización
del carisma es el de la desaparición de la autoridad o la
necesidad de su sucesión, donde una nueva búsqueda
se dará según "determinadas señales de que [el sujeto],
como portador del carisma, esté calificado para ser el líder" (Weber, 1922/2005: 197), estando así la legitimidad
de la autoridad elegida ligada a normas específicas, que
tanto pueden darse por la vía de la revelación como por la
designación, dado su reconocimiento por la comunidad
en cuestión.

En este punto, las categorías autoridad, dominación
y poder se entrecruzan. Trayendo la discusión al campo
de la Modernidad, podemos decir que el poder de perfil
weberiano es observado como una estrategia o un conjunto
de estrategias que persiguen un fin determinado, específico,
y el conflicto derivado de él es relativo a la actuación de
las fuerzas contrarias, o de resistencia, en interacción en
el campo social. Luego se puede decir que la característica más visible en la Modernidad es la racionalización del
ejercicio del poder.

En la perspectiva weberiana, por la vía del proceso
de racionalización es posible operar profundos cambios
en la naturaleza de las relaciones entre los sujetos y el
escenario social, buscando objetivar los medios para de
tornarlos eficaces en la consecución de los fines deseados.
Este movimiento también sería responsable por modificar,
de forma considerable, la representación de autoridad para
los sujetos o grupos sociales, ya que esa representación se

amoldaría, por así decir, a los instrumentos responsables de conferir poder en el escenario social. Escenario que cambia de acuerdo con la época y con los procesos socio-histórico-culturales en curso en un determinado tiempo.

Manteniendo la discusión acerca de la categoría autoridad y sus atravesamientos en el campo de las ciencia sociales, traemos a Pierre Bourdieu, quien llevó a cabo importantes estudios teniendo como referencia cuestiones relativas al poder y a la dominación y sus distintas formas de expresión en el escenario social. Este pensador se ocupó a lo largo de su vida de desarrollar una sofisticada teoría relativa a los campos de producción simbólicos, que se asentó en la idea a partir de la cual las relaciones de fuerza en el campo social son atravesadas por relaciones de sentido que vienen a conformar el juego entre los agentes sociales en el campo, entendido como el espacio donde se traban las luchas por el poder. Este espacio de poder se configura a partir de una cantidad mínima de capital específico de orden económico, social y/o cultural, a fines de garantizar una posición dominante en un campo delimitado.

De ahí también se puede aprehender la categoría de clase como una referencia que influye fuertemente en la capacidad de dominación, dadas las posibilidades de disponer, con mayor o menor esfuerzo, de los mecanismos de adquisición de los distintos capitales, así como de la idea de que la lucha de clases, en la teoría de Bourdieu, adopta la forma de lucha simbólica por el interés en imponer una visión de mundo específica relativa a una posición objetiva en el espacio social.

Así, podemos decir que Bourdieu (2003) fundamenta su teoría en la premisa de que las relaciones entre los sujetos se constituyen en relaciones de dominación, posibilitando entrever esta lógica como proceso legítimamente naturalizado. Su contribución acerca del entendimiento de la categoría de clase social tiene el merito de superar una limitación básica de la tradición marxista: la premisa de que las clases sociales se definen apenas por su posición en las relaciones de producción. En el intento de elucidar algunas de las principales categorías explicativas tales como clase, poder, capital y autoridad, trabajaremos, inicialmente, la noción bourdiana de "espacio social", que tiene por base un distinto modelo de análisis social, y por substrato, las relaciones construidas y experimentadas por los sujetos:

> En un primer momento la sociología se presenta como una topología social. Se puede representar así al mundo social en forma de espacio (de varias dimensiones) construidas por [...] las propiedades capaces de conferir a quien les posea, fuerza, poder, en ese universo. Los agentes y grupos de agentes se definen entonces por sus posiciones relativas a ese espacio (Bourdieu, 2003: 281).

En el texto "Condición de clase y posición de clase", Bourdieu (2004a) propone huir a la concepción de estructura como un producto de la yuxtaposición de las partes constitutivas de la sociedad, enfatizando el aspecto relacional de los elementos que la componen, sugiriendo que las propiedades de posición y de situación de las clases están íntimamente unidas. Así, a pesar de que no existan en sí mismas, las clases sociales solo pueden ser debidamente comprendidas bajo la luz del sistema de relaciones del cual forman parte.

Bajo esta concepción, las clases estarían más allá de meros grupos sociales conscientes de su lugar en el sistema, sustentando la idea de peso de que las luchas simbólicas detienen los procesos de representación y clasificación de los sujetos en el escenario social. Esto equivale a decir que, en una mirada bourdiana, entre las condiciones objetivas de clase y sus prácticas, lo que subyace no es una posible conciencia de clase, sino aquello que denominó *habitus*.

Término prestado de la filosofía escolástica, el habitus es un concepto central en la teoría bourdiana, representando un lazo articulador entre las estructuras objetivas y contextuales, dadas la subjetividad de los sujetos y sus situaciones concretas de la acción. Por la vía del habitus es posible entrever un conjunto de vivencias típicas adecuadas a la posición social por la cual el sujeto responde. Así, el habitus instrumentalizaría el sujeto para la acción en las más diversas situaciones sociales como miembro típico de una determinada clase, ocupando una posición específica en la estructura social.

Para el autor, la dimensión cultural, que es parte esencial de las relaciones entre las clases, responde por la incorporación de determinadas categorías de percepción del mundo, generando disposiciones de conducta que están más allá de la conciencia, de la voluntad o de un nivel de representación explícita. Así, el habitus equivaldría a un "inconsciente de clase", ya que según el autor, los límites entre las clases son activamente producidos (y reproducidos) por agentes portadores de estas distintas disposiciones para actuar, traducidos por sus diferentes gustos y estilos de vida.

Es importante señalar que en este texto, el autor utiliza la distinción weberiana de clases y grupos de estatus para enfatizar el aspecto simbólico que tienen las clases sociales y la importancia que las distinciones simbólicas tienen en la definición de una posición de clase determinada. Bajo este punto de vista, la posición de un individuo en la estructura no puede definirse solo como una posición relativa dentro ella: es necesario también observar el trabajo social, que sugiere el sentido que recorre las representaciones relativas a determinado sujeto, clase o grupo.

El abordaje estructural, de acuerdo con Bourdieu (2004a), permitiría captar rasgos transhistóricos y transculturales sin caer en el relativismo, o sea, sin olvidarse de que más allá de la situación y de la posición en la estructura social (que se refiere a las relaciones objetivas que los individuos establecen entre sí), una clase también es definida por sus bienes simbólicos. En este sentido, las marcas distintivas de las clases permitirían inferir que aquello que es socialmente adquirido se incorpora a su "naturaleza", y siguiendo la lógica de la distinción (como modo de privilegiar la forma de la acción en detrimento de su función), el estilo de vida traduciría la posición social de los sujetos. Es importante atender a la idea a partir de la cual las clases sociales son categorías construidas que crean posibilidades de acción llevadas a cabo por el habitus que conforma los estilos de vida y sus respectivas prácticas. En este contexto, podemos observar que aunque el concepto haya surgido de la necesidad de comprender las relaciones de afinidad entre el comportamiento de los sujetos (agentes sociales) y las estructuras que los componen, el esquema teórico construido por Bourdieu contempla variedades o distinciones en la orientación de conductas dentro de una clase o fracción de clase.

Luego, los distintos orígenes y trayectorias de los suje-tos que ocupan posiciones semejantes en la jerarquía social, así como el cuestionamiento y la deconstrucción de las disposiciones generadas por la exposición de estos agentes a otras fuerzas externas –diversas de las cotidianamente enfrentadas en el escenario social–, pueden responder por una cierta inadecuación al grupo de origen (clase) al que el sujeto pertenezca, tornando posible la idea de que el ajustamiento perfecto entre las acciones y las condiciones objetivas de existencia (realizado por medio del habitus) sería susceptible a evaluación. Así, el habitus, respondiendo por una matriz generada a partir de la posición común al sujeto, es también un medio de acción que posibilita el desarrollo de estrategias individuales o colectivas:

> El habitus, producto de las prácticas individuales y colectivas, luego de la historia [...] asegura la presencia activa de las

experiencias pasadas, que depositadas en cada organismo bajo la forma de esquemas de percepción, de pensamiento y acción, tiende más seguramente que todas las reglas formales y todas las normas explícitas a garantizar la conformidad de las prácticas y su constancia a través del tiempo (Bourdieu, 1980: 91).

De esta forma, el autor sugiere una relación dialéctica entre el sujeto y la sociedad, permitiendo la interlocución entre un sujeto que actúa socialmente (agente) y el espacio social, siendo el agente el depositario de aquellas propensiones estructuradas para pensar, actuar y sentir resignificados subjetivamente, pero manteniendo una matriz básica. Cabe decir que el habitus provee simultáneamente principios de socialización, por someter a los agentes sociales a un esquema específico determinado de individuación, pues cada sujeto internaliza los esquemas dados en una combinación propia, singular.

El autor incluso pone atención en la cuestión de que en el escenario social, los sujetos no están igualmente disponibles para el juego, dadas las diferencias de situación y de posición, ya que más allá de la variación de criterios de pertinencia a una clase, el juego de las distinciones simbólicas se realiza dentro de los límites establecidos por las coerciones económicas, siendo realizado por un selecto grupo de privilegiados; de ahí la idea de dominación, tan recurrente en su teoría, pues "el conocimiento de la posición ocupada en ese espacio contiene una información sobre las propiedades intrínsecas (condición) y relacionales (posición) de los agentes" (Bourdieu, 2003: 284). Con respecto a esta lógica relacional de fuerzas, el autor afirma que estas "se imponen a los sujetos como un conjunto de reglas absolutamente necesarias en su orden, irreductibles tanto a las reglas del juego propiamente económico, como a las intenciones particulares de los sujetos" (Bourdieu, 2005: 25).

A partir de estas reflexiones, el autor sugiere pensar que toda autoridad se sustenta en función de su capital simbólico, medida última de valor y elemento fundamental en el reconocimiento de su legitimidad en el escenario social. Si el poder simbólico es así una amalgama de todas las formas de poder, dadas las leyes de transmutación responsables de mimetizar los distintos tipos de capital en capital simbólico, y si la manutención de un dado *statu quo* se da en función de las múltiples estrategias con vistas a la apropiación del capital en sus distintos tipos, se deduce que la autoridad, para tener garantizada su condición objetiva, necesitaría tener en cuenta su carácter de condición dominante, y más allá de esto, para fines externos relativos a su grado de legitimidad, necesitaría ocultar este hecho (de dominación) lo máximo posible, "naturalizando" así las distinciones entre los agentes por la vía del discurso, ya que "el poder simbólico es un poder de hacer cosas con las palabras" (Bourdieu, 1988: 141).

Examinando la lógica desde esta perspectiva, podríamos hablar de una demanda operacional de las instituciones investida de un carácter absolutamente perverso. En el caso específico de la autoridad de orden pedagógico, se hace necesario poner atención sobre la idea de un arbitrio cultural impuesto en el escenario educacional, donde la legitimidad solo se confiere a la autoridad, en caso de que esta se muestre suficientemente competente como para disimular su visión arbitraria, o sea, cuando sea capaz de encubrir su específica relación con los valores de la clase dominante. A este fenómeno el autor denominó "violencia simbólica" (Bourdieu & Passeron, 1970/2002).

Ante de lo expuesto, hay aún otra cuestión subyacente, que se colocó en los intersticios de las discusiones acerca de los temas del poder, la dominación y la autoridad: la cuestión relativa a una cierta tensión hacia el ejercicio de la autonomía en el proceso de instauración de las relaciones

de orden simbólico, ya que ellas estarían, en el límite, sometidas a las relaciones de fuerza vigentes en el mundo
social, y como tal, sometidas al juego y sus distintas estrategias de organización en el campo. De ahí la tensión entre
los opuestos: contingencia, donde la realidad se presenta
adversa y opresora, y autonomía, como una opción con
vistas a la libertad responsable. Acerca de las temáticas
de la autonomía y de la libertad discutiremos con más
vigor al presentar las principales teorías educativas de la
Modernidad.

2.2.3 El Psicoanálisis y la cuestión de la formación de la autoridad simbólica: el sujeto y la ley

Sigmund Freud teorizó sobre la figura de la autoridad
bajo distintos puntos de vista. Aquí resaltamos algunos
textos: *Sobre el narcisismo* (constitución del lazo con el
otro y el concepto del ideal del yo), *Duelo y melancolía*
(la cuestión de la identificación como condición para la
legitimidad de la autoridad, y en esta obra relacionada a
la pérdida del objeto); *Psicología de las masas y análisis
del yo* (la cuestión de la identificación trabajada en los
ejes horizontal y vertical); *El yo y el ello* (donde trabajó el
concepto de identificación y la formación del súper yo); *El
malestar en la cultura* (por la vía del análisis de la dimensión de la agresividad y los vínculos sustitutivos generados
por la cultura como un espacio de tradición / civilización
/ lugar de autoridad).

Aquí optamos por elegir dos de los textos freudianos
de carácter eminentemente social, que consideramos fundamentales en la comprensión de los factores que influyen
en el reconocimiento de las figuras de autoridad. Son ellos:
Tótem y tabú y *Psicología de las masas y análisis del yo*.

Aquí cabe un comentario: hay distintas obras en las
cuales Freud trae el término "autoridad". Un ejemplo se
encuentra en el texto *Un recuerdo infantil de Leonardo da*

Vinci. Este texto no será tratado en este estudio en función de vincular la cuestión de la autoridad en una relación muy específica de Da Vinci con sus padres. En él la autoridad es representada apenas por la mirada de una relación donde los conflictos son de un orden edípico muy particular. Es clara la idea a partir de la cual el rompimiento con los valores tradicionales de su familia se van a configurar en su arte, pero la elección de las obras para este estudio se dio por la vía de la identificación de una característica fundamental: su aproximación a lo social, al contexto de elección de la autoridad, intentando aprehender, más allá de la subjetividad individual del sujeto, su carácter de colectividad. Así buscamos esclarecer la idea que orientó la elección de las obras. Elegir un recorte es una actitud necesaria en función de la necesidad de profundizar a partir de un cruce relativo al tema, y no específicamente en función de una situación o fenómeno menos o más "digno" de ser tratado en un estudio de esta naturaleza. A fines de corroborar con lo expuesto, cito:

> Mientras que la mayoría de las criaturas humanas (hoy como en los tiempos primordiales) sienten la imperiosa necesidad de apoyarse en una autoridad, a punto tal que se desmorona el universo si esta es amenazada, solo Leonardo pudo prescindir de tales apoyos: no lo habría conseguido si no hubiera aprendido en los primeros años de su infancia a renunciar a su padre (Freud, 1910/2006: 114).

A partir de esta aclaración inicial, empezaremos con las consideraciones acerca del primer texto elegido. Podríamos decir que volviendo a mirar las cuestiones relativas a la formación del vínculo social, el pensamiento freudiano es claro al afirmar la idea de que el proceso de civilización se basa en la muerte del patriarca tirano. A fines de marcar la idea central de su pensamiento en el campo de las ciencias sociales, más precisamente en el campo de la cultura, el autor reitera que el rol paterno de alcance más amplio y más profundo –lo cual más tarde, en Psicoanálisis, se denominó *función*–, se constituye como principio fundamental en la organización social, ya que engendra la ley a la cual acompañan una serie de reglas y normas que van a configurarse en un giro relativo a la representación de hombre. Este giro corresponde a un cambio de gran importancia en el significado dado a la condición humana, ya que el ser humano sale de una posición de ser de la naturaleza y pasa a afirmarse como sujeto de la cultura o de la civilización, por la vía de la constitución de lazos de afectividad y pertenencia para con sus semejantes, así como por la asunción de una figura representativa de la ley que, absorbida internamente por todos, pasa a regir los comportamientos del grupo.

En su obra *Tótem y tabú*, Freud se refiere a un mito fundador de la civilización, por así decir, una ficción acerca de la manera como se engendró la autoridad sobre un grupo tomado como referencia de la condición humana inicial. En el texto, el autor nos presenta un espacio configurado por la dominación y por la violencia, y donde la "ley" del más fuerte prevalecía. En este espacio de violencia pura se podrían percibir muy rudimentales formas de vinculación afectiva, como también normas de estatuto moral de carácter dudoso. Este estado de cosas cambió el día en que los "hijos" se acercaron al "padre", y en conjunto, lo mataron. Este asesinato no tenía, según el autor, el objetivo explícito de instaurar una ley específica, sino de liberar a los sujetos de la sumisión a un dictador.

Ocurre que al deponer al dictador se dan cuenta de que se establece inmediatamente un vacío. A la fratría se le presentan sentimientos de culpa, inseguridad y miedo de que alguno tome el lugar del dictador, retornando así al estado de cosas anteriormente vivenciado. La solución ocurre por la vía de la organización de un ritual, un banquete, donde los "hijos", a partir del ejercicio antropofágico, incorporan las cualidades del "padre" poderoso, fundando así una comunidad de iguales donde el poder, lejos de ser unitario, pasa a ser compartido entre todos.

Pero aun así, persiste la ausencia de una figura, la figura de autoridad, a quien los sujetos necesitarían buscar. De ahí surge la figura del padre divinizado, el tabú, que representaría tanto la sacralización como la prohibición, engendrando el código legal inicial. Al padre sacralizado cabría el mantenimiento de un orden legitimado por la vía de la prohibición, inicialmente del acto incestuoso, y posteriormente de todos los actos que atentasen contra el sostenimiento de los lazos entre la fratría. De ahí la idea relativa a la identificación como un proceso mediado por una autoridad consistente.

Esta obra fue bastante debatida y criticada en la época de su presentación, pues fue también considerada como una digresión relativa a los mitos fundadores del monoteísmo (citando su formato común: el totemismo, la exogamia y la prohibición del incesto), así como fue considerada pesimista en cuanto al futuro de la humanidad, al aportar una reflexión nada animadora sobre la condición trágica del poder desde la cual se fundó la civilización: por el engendramiento de una ley que nace a partir de un mal de carácter irreversible. Freud fue aun más lejos cuando, al inspirarse en la antropología evolucionista, causó espanto al afirmar que el incesto no era en sí motivo de rechazo, y que al contrario, sería fuente del deseo humano interdictado por la vía de una ley interiorizada generada por una figura representativa de autoridad, tributaria de la muerte del padre totémico:

> En efecto, vislumbramos que el tabú de los salvajes de Polinesia podría no ser algo tan remoto para nosotros como supondríamos a primera vista, que las prohibiciones a que nosotros mismos obedecemos, establecidas por la moral y las costumbres, posiblemente tengan un parentesco esencial

con este tabú primitivo, y que si esclareciéramos el tabú acaso arrojaríamos luz sobre el oscuro origen de nuestro propio "imperativo categórico" (Freud, 1913/1993: 31).

Al abordar el mito primitivo de la horda y la muerte de su padre totémico (despótico), el autor aprehende, en sus textos, un vestigio del origen de las instituciones sociales concebidas en la era moderna. Así, si para el Psicoanálisis, la cuestión de la autoridad está referida a la relación del sujeto con la ley, esta relación será pertinente si es considerada desde la perspectiva de una ley por la cual se pueda inscribir al sujeto en el proceso de la subjetivación, como un factor determinante, desvelando así su condición de interioridad.

Siendo la libertad –bajo la interpretación psicoanalítica– una metáfora, y la cuestión de la autoridad inscrita por la vía de la legitimidad dada por la muerte del padre despótico, la garantía de autoridad, en este contexto, se lleva a cabo a través de la ausencia; es decir, por el engendramiento del símbolo que sostiene la permanencia de la prohibición, y en última instancia, que sostiene la adhesión a los principios de la civilización.

Ocho años después, Freud escribe el texto *Psicología de las masas y análisis del yo*, donde presenta, más allá de la preocupación por el evolucionismo lineal del sujeto humano observado en el texto *Tótem y tabú*, su intención de investigar los puntos centrales con respecto al fenómeno de la adhesión. Teniendo como base los fenómenos característicos de la Modernidad, Freud buscaba comprender qué factores de orden psicológico mantendrían el tipo específico de relación que la masa tiene con el líder, o si se quiere, con una figura revestida de autoridad, pues para el autor, la autoridad se encarnaba en una personalidad que a su vez sería representativa de un tipo específico de poder. Según Freud, este tipo específico de poder tendría características muy similares a aquello que Weber llamó "dominación carismática", por su capacidad de promover la obediencia con base en dotes específicos, de carácter personal, al mismo tiempo que quien detenta la dominación mantiene con el grupo un tipo de relación que alterna aproximación y desligamiento, aunque el grupo ni siquiera piense en abandonarlo.

El proceso de identificación sería así la base de este fenómeno, ya que representa "la más temprana exteriorización de una ligación afectiva con otra persona" (Freud, 1923/1993: 99). Tal proceso se daría por la vía de una doble ligación libidinosa, donde tanto el carácter vertical como el horizontal de dependencia podrían ser fácilmente observables. En la masa, de acuerdo con el autor, este proceso es generado, por así decir, a partir de un fenómeno aparentemente voluntario de aprisionamiento del sujeto al grupo, siendo la percepción de desamparo ante la ausencia de una figura de autoridad a la cual se pueda retratar, así como la idea de separación de sus miembros, más difícil de soportar que la sensación de falta de autonomía, dadas las distintas características de los lazos sociales circunscriptos en este tipo de organización.

De este modo, en este tipo de asociación, la intolerancia desaparece dando lugar a fuertes lazos de amor entre el grupo por la vía de "una ligación libidinosa con las otras personas" (*op. cit.*: 97), ya que el instinto gregario tendría un carácter regresivo. Para el autor, el proceso de adhesión de la masa también podría ser comparado al proceso de enamoramiento y de hipnosis, donde el objeto "devora" al sujeto retirándole toda la energía vital, provocando "la misma sumisión humillada, igual obediencia y falta de crítica" (*op. cit.*: 108). El autor finaliza el texto presentando como ejemplo instituciones que marcan la idea a partir de la cual el sujeto renuncia a su ideal del yo y lo cambia por el ideal de la masa, corporizado en el líder o en la autoridad.

Estas dos asociaciones de distintos órdenes serían la Iglesia cristiana y el Ejército. Acerca de este último, citamos:

> Es evidente que el soldado toma por ideal a su jefe, en rigor al conductor del ejército, al par que se identifica con sus iguales y deriva de esta comunidad del yo los deberes de la ayuda mutua y el reparto de bienes que la camaradería implica (Freud, 1923/1993: 127).

En cuanto a la cuestión de la identificación, es necesario señalar que Freud la trató inicialmente en el texto *Introducción al Narcisismo* en 1914, partiendo de la idea de que los padres, en función de un tipo específico de inversión psíquica de orden libidinal, representarían un ideal al cual los hijos desearían acceder, que serviría de parámetro para la construcción de una imagen ideal de sí: el "ideal del yo", a partir del que se observaría la vigencia de la ley externa en el sujeto. Pero fue en el texto *Psicología de las masas y análisis del yo* que Freud se ocupó de comprender el fenómeno de la identificación de manera más profunda, considerando con más firmeza la idea de que el yo sólo podría venir a constituirse por la vía de los procesos identificatorios engendrados por el sujeto a lo largo de su vida.

Podríamos decir que siendo el yo constituido a partir de sus identificaciones, se configuraría a partir de instancias internas y externas a sí, siendo al mismo tiempo sujeto y objeto de sus elecciones. El autor también puso atención sobre el carácter paradojal del proceso identificatorio, por el hecho de estar marcado por la ambigüedad.

La dificultad sobre la comprensión del fenómeno de la identificación marcó el recorrido teórico freudiano. Así, el autor externaliza su frustración con sus limitadas elaboraciones acerca del tema en su obra *Nuevas conferencias de introducción al Psicoanálisis* en 1933, afirmando: "Ni yo mismo estoy del todo satisfecho con mis puntualizaciones acerca de la identificación" (Freud, 1933/1993: 59).

Más allá de intentar precisar el complejo fenómeno de la identificación, el texto que todavía tratamos tiene valor en el sentido de suministrar aportes en el entendimiento de las formas de actuación del sujeto inserto en una masa denominada "artificial", o sea, en el universo de las instituciones que no obstante es muy distinto del de su actuación de orden intimista. En el hecho de develar la vida anímica de carácter colectivo, Freud cuenta con las proposiciones de dos psicólogos sociales de la época: Le Bon y McDougall, y a partir de sus presupuestos, innova al defender la idea de que el comportamiento de adhesión irrestricta a un líder es una respuesta a un sentimiento atávico de desamparo ante de la angustia de lo desconocido. Así, el proceso de adhesión se explicaría por la intención de reducir las tensiones originadas en la vivencia de lo cotidiano tomado como amenaza.

Las dos obras freudianas se entrecruzan a partir de la idea de que en la masa, los miembros se ligan a un líder, tomándolo como una figura sacralizada; o sea, la figura que actualiza el padre ancestral. También retomando la aproximación a los presupuestos de Weber relativos al tipo de dominación carismática, podemos observar una situación específica que acomete contra las asociaciones: el hecho de que, al intensificar el proceso de homogeneización como también el distanciamiento de las situaciones generadoras de tensión, los miembros se desvitalizan. Luego, para que la asociación mantenga su fuerza, no obstante la debilidad de sus miembros, camina hacia la "rutinización", adoptando un modelo formalista, de carácter mecánico, y marcando así su tendencia a la burocratización, fenómeno discutido aquí en relación con la presentación de los tipos legítimos weberianos. Aunque sepamos que los tipos puros son abstracciones, traemos a esta discusión esta idea arquetípica por cuestiones didácticas, a fines de proporcionar un más amplio horizonte de comprensión acerca de la temática del poder y sus atravesamientos suministrados por los distintos autores.

En Freud podemos observar, a partir de los textos presentados, que la instauración de una sociedad de carácter político es tributaria de un deseo de los partícipes de instauración (o retorno) de la autoridad. Así, el gobierno no surgiría de un contrato social, sino de una respuesta de orden contrarrevolucionario que brota ante la caída del gobierno patriarcal por parte de los hermanos, tornados ciudadanos (Tractemberg, 2005). Siguiendo la idea del autor, la existencia de la ley como herramienta de control de la libertad se presenta como marca social de interdicción de los deseos e impulsos humanos.

Reconociendo la autoridad como manifestación política, "el líder, en la figura del padre, y sus seguidores, sus hijos, tornan la lucha política una lucha generacional" (*op. cit.*: 72). De esta forma, se puede hacer un desplazamiento de la figura del líder hacia la imagen paterna, considerando los presupuestos de Freud en el intento de comprender el recorrido de la construcción y el reconocimiento de figuras de autoridad. Para eso, el autor aun nos advierte sobre la existencia de representaciones del ámbito de lo inconsciente, y del rol de esas distintas representaciones, considerado de carácter preponderante en el proceso de construcción del lazo social.

2.2.4 El campo de la educación: los aportes para comprender la cuestión de la autoridad por la vía de las modernas teorías educacionales y sus miradas hacia los temas de la autonomía y la libertad.

Podemos decir que el término educación consiste en un acto de intervención de un sujeto junto a otro, a fines de dar cumplimiento a un programa de desarrollo, con vistas a la adquisición de los saberes considerados esenciales para la vivencia en comunidad. Si el proceso educativo

está basado en un conjunto de valores elegidos de forma
no aleatoria, ya que se inspira en un ideal cultural, se hace
necesario analizar su contexto histórico-social, a fines de
desvelar la naturaleza política, cultural y epistemológica
que viene a engendrar las repercusiones, continuidades y
hasta rupturas en las teorías educativas vigentes.

Además, sabemos de la relevancia de las discusiones
relativas a la profundización acerca de los grandes referentes de la tradición del moderno pensamiento pedagógico
occidental; para esto, necesitaríamos traer a la luz las discusiones propuestas desde Johan Amos Comenio, Johann
Heinrich Pestalozzi y Jean Jacques Rousseau, hasta Jacques
Maritain, Romano Guardini y Jürgen Habermas, solo para
citar algunos de aquellos pensadores que se destacaron al
proponer nuevos marcos referenciales en el campo educativo. Nuestro objetivo en este tópico es más específico y
tiene por propuesta buscar, entre las diversas perspectivas
acerca de los aspectos más predominantes y representativos del que se denomina cambio paradigmático en la
Modernidad, una lectura que pueda servir como punto
de anclaje a partir de la presentación de elementos clave,
generadores de una visión distinta referida a la problematización pedagógica, didáctico-metodológica y contextual
inscripta por sus idealizadores.

De esta manera, trabajamos a partir de la perspectiva
de Ghiraldelli (2000), que propone que en el siglo XX ocu-
rrieron tres grandes rupturas epistemológicas relativas a
las teorías educacionales. Así, engendradas por las ideas
de Herbart, Dewey y Paulo Freire, estas nuevas miradas
giran alrededor de elementos clave que trabajaron en el
intento de instaurar una nueva lectura acerca del campo
educativo. Estos nuevos elementos se configuran en la
visión de Herbart, por la emergencia de la mente; en la
visión de Dewey, por la emergencia de la democracia; y

finalmente, por las contribuciones de Freire, en la emergencia de la figura del oprimido. La importancia de reflexionar sobre los giros epistemológicos generados por estos teóricos se da en función de que las alteraciones observadas a partir de los presupuestos de estos autores, así como los cambios concebidos en la práctica educativa, hacen que estas teorías se configuren como importantes herramientas para reflexionar sobre la educación como termómetro social de una época.

Esto equivale a decir que más allá de describir procesos de aprendizaje específicos del campo educativo, la emergencia de nuevos elementos en el escenario educacional puede mostrarse como un señalizador del contexto de un momento determinado que refleja el movimiento histórico social. Así, analizar las teorías educativas y el proceso de desarrollo de sus presupuestos permite aprehender el estrecho lazo entre acción educativa y práctica social.

Con el intento de discutir las categorías de autonomía y libertad, tan caras a la Modernidad y tan necesarias en la comprensión del fenómeno de adhesión a la autoridad, trabajaremos cada una de las teorías educativas bajo una sucinta presentación de su teórico respectivo, como también de sus principales particularidades, siempre teniendo en cuenta su vinculación con el momento histórico. La idea que preside esta metodología reside en la percepción de que el sujeto educativo, así como las prácticas en el campo de la educación, sufren directa influencia de los paradigmas sostenidos por los discursos de una época específica, siendo al fin y al cabo reflejo de un momento único en la historia de la sociedad.

2.2.4.1 Herbart y el sujeto como un devenir bio-psico-espiritual

Johann Friedrich Herbart nació en Alemania en 1776 y murió en 1841. El contexto histórico en el cual vivió fue preponderante en su trabajo de ruptura de los antiguos presupuestos pedagógicos vigentes desde entonces. En ese momento –primera mitad del siglo XIX– se observaban en toda Europa intensos cuestionamientos acerca de los valores propuestos por la cultura del setecientos.

Alemania, no obstante constituirse en un aglomerado de feudos dependientes del poder central, ya demostraba una fuerte tendencia hacia la consolidación de una identidad cultural de base nacionalista, donde el saber se mostraba una herramienta potente. En este escenario, la academia era convocada para la tarea de formación, considerada una actividad importante en la construcción del bien común. Así, los profesores de distintas áreas del saber ocupaban cátedras de pedagogía, contribuyendo fuertemente para el desarrollo de este campo. De esa manera, como sujeto de su tiempo, Herbart se ocupó de reflexionar sobre las cuestiones relativas al rigor y a la cientificidad del modelo educativo, siendo el primero en elaborar una pedagogía con vistas a ser una *Ciencia de la Educación*. Fue a partir de la teoría herbartiana que la pedagogía puede reivindicar su carácter de claridad, amplitud y sistematización.

Su propuesta pedagógica utilizó los presupuestos de la filosofía de la mente, que con los aportes de la psicología, pretendía inculcar los conocimientos por la vía del espíritu, que debería ser moldeado, ya que el autor no creía en las facultades del alma como elementos orientadores *a priori*. Para Herbart, el alma se alimentaba de las situaciones vivenciadas por el individuo, y no al contrario. Podemos decir que la adopción de la psicología como eje central de la educación puede ser explicada en función de su opción por crear una teoría basada fundamentalmente en los principios funcionales de la mente humana, de ahí las psicologías que tratan del aprendizaje y del desarrollo humano.

Herbart tuvo como fuente inspiradora los trabajos de Pestalozzi, pionero de la reforma educacional y defensor de la educación como medio de perfeccionamiento individual y social, aunque cuestionase la ausencia de la psicología en su método. También tomó las ideas de Kant, usando como aporte importante el presupuesto a partir del cual la comprobación empírica de los procesos que se pretendían designar como científicos sería una necesidad incontestable. Autores como Compayré (1997), Mauxion (1977) y Larroyo (1974) creen que esta puede ser considerada una de las mayores contribuciones del autor en el campo de la educación.

La teoría herbartiana también puede ser pensada como un importante aporte a la teoría psicoanalítica, por su dedicación en desvelar los procesos de funcionamiento de la mente por la vía de manifestaciones psíquicas distintas, denominadas representaciones, que en su movimiento no siempre lineal o consciente, serían responsables por la dinámica psíquica de los sujetos. Para Herbart, la formación del sujeto estaría orientada por la vía de un proceso de intervención directa en sus memorias, deseos y sentimientos que responderían como sus representaciones sobre el mundo y los objetos. Para el autor, esta formación se daría en los ámbitos intelectual y moral concomitantemente, de ahí que critique la fragmentación de la educación en dos ejes distintos (moral e intelectual) practicada en las escuelas de la época.

El sistema educativo herbartiano concibe la educación como proceso formador cuyo fin es la inculcación de la moralidad y de la virtud, que serían alcanzadas por la vía de la instrucción. Siendo el punto central de la acción pedagógica –el proceso educativo con vistas a la instrucción–, debería primar por la variedad como elemento motivador de la experiencia, intentando producir en el alumno un interés genuino. Para explicarlo mejor, según Herbart, la

acción pedagógica debería orientarse a partir de tres procedimientos: el gobierno, como forma de control externo
de los sujetos en formación; la instrucción como principal fin de la educación; y la disciplina como elemento de
control interno y característica fundamental en el camino
de la virtud.

Para Herbart es múltiple la utilidad del gobierno, que
por un lado, puede tener la finalidad de "impedir perjuicios
para el propio niño, y por otro, para impedir la contienda
como desentendimiento en sí" (Herbart, s.f./1983: 31). El
gobierno serviría también para "evitar todo tipo de choque,
de lo que la sociedad, sin que tenga para tal plena autoridad,
se vería envuelta en el conflicto" (ibídem).

La instrucción, para el autor, tendría como objetivo
la formación intelectual y moral del sujeto. Su mirada se
daba hacia el futuro, pues el alumno sería el representante
del "devenir". De este modo, afirma la necesidad del gobierno y de la disciplina como elementos conformadores
del futuro ciudadano. A fines de proporcionar una clara
metodología acerca de la realización del procedimiento
de instrucción, el autor nos informa que los cuatro grados
que deben orientar el proceso educativo propiamente
dicho obedecen a dos momentos distintos: el momento
inicial de concentración, donde se comprenden los pasos
de preparación y asimilación del contenido, y el momento
posterior de reflexión, donde se espera que los alumnos
alcancen la generalización, responsable por la abstracción
de las concepciones generales sobre el contenido y su
posterior aplicación.

Teniendo en cuenta los principios y procedimientos
orientadores de la acción pedagógica, podemos deducir que
la teoría herbartiana veía a la autonomía y la libertad de los
sujetos como tributarias del ejercicio de desligamiento de
las influencias externas, ya que esta actitud favorecería la
búsqueda interior de las reglas, los preceptos y las conductas

morales, que unidos a la práctica configurarían la virtud. La autoridad, por los presupuestos de este pensamiento, sería identificada como una posición, una postura asumida por el profesor, que desde el reconocimiento de la asimetría en relación con el alumno, lo prepararía hacia el encuentro de sus necesarias virtudes:

> Llegará el momento de la autonomía del educando, cuando estén definitivamente fijos y consolidados los principios que han de orientar el resto de la vida, donde la disciplina o la cultura moral dejarán de ser misión del educador. Por eso, se continuará aún la instrucción, después de que casi haya desaparecido la disciplina (*op. cit.*: 33).

La obra pedagógica herbartiana influyó en la educación de todo el mundo occidental decimonónico. De acuerdo con Hilsdorf (1997), una de las razones de la aceptación de sus presupuestos ha sido la ola positivista que asoló Alemania en la primera mitad del siglo XIX, que sustentaba el ideario que se caracterizaba por la hostilidad a toda construcción que no se basase en datos empíricos reforzando el movimiento que trabajaba hacia el alcance de la realidad por la observación directa de la experiencia sensible. De acuerdo con Poggi (véase Hilsdorf, *op. cit.*), Herbart prefigura la ola positivista cambiando la relación entre la filosofía, las ciencias y la educación, delineando un nuevo perfil de los intelectuales de la época. A partir de las ideas herbartianas también cambian los paradigmas sobre la representación del sujeto, que al mostrarse en el centro de su teoría, se presenta como base para el desarrollo de una visión racionalista de los procesos de formación humana. Así, el método científico herbartiano podría "llenar la necesidad de formación de mentes cultas y disciplinadas, necesarias al desarrollo del capitalismo industrial" (Hilsdorf, 1997: 113).

Como Comenius, Rousseau y Pestalozzi, Herbart puede ser considerado una de las figuras prominentes de la pedagogía clásica. Sus amplios y sistemáticos estudios acerca de los procesos educativos comprenden desde los temas relativos a la didáctica, hasta sus relaciones (del campo educativo) con la vida en sociedad, la cultura y la formación ética y moral de los sujetos. Uno de los ejemplos de su actuación en el campo educativo fue la fuerte aceptación, en toda América Latina, de las escuelas de aplicación, que permanecen hasta hoy como campos de actualización y perfeccionamiento del proceso de retroalimentación entre teoría y práctica educativa.

Las críticas a la teoría herbartiana giraron alrededor de su carácter eminentemente directivo, donde al alumno le cabría apenas servir como depositario de un conocimiento listo y acabado, hasta la idea de que a la ciencia pedagógica no le cabe solo instruir y moldar al sujeto, sino también instaurar en él una postura crítica con vistas a la intervención en el escenario socio-político-cultural de su época. Entre sus críticos más contundentes se encuentran el español Ortega y Gasset y el americano John Dewey, de quien trataremos en seguida.

2.2.4.2 Dewey y el sujeto como centro del proceso educativo

John Dewey (1859-1952), es considerado un ícono en el campo de la filosofía de la educación, por llevar a cabo la propuesta de desarrollo de amplias investigaciones sobre el saber en sus múltiples áreas, tanto como por sustentar el carácter instrumental que revestía sus más importantes obras. Reconocido como el principal representante del movimiento de educación progresista estadounidense, su obra está profundamente marcada por su recorrido académico, que se muestra como una importante herramienta en su desarrollo.

Dewey se graduó en la Universidad de Vermont, donde descubrió un profundo interés por la filosofía a la luz de los presupuestos hegelianos, algo que irá cambiando posteriormente, cuando en la búsqueda de la instrumentalización teórica de sus presupuestos, encuentra sentido en la corriente pragmatista, siendo reconocido como –juntamente con William James– uno de los fundadores de esta escuela filosófica. Trabajó como jefe del Departamento de Filosofía de la Universidad de Michigan, y más tarde, en la Universidad de Chicago inicia un proceso de investigación acerca de la experiencia educativa, creando una escuela elemental para niños y adolescentes donde espera comprobar sus teorías. Los resultados de este trabajo tornarán sus presupuestos conocidos en todo el mundo occidental, no obstante el enfrentamiento de graves dificultades relativas a la política interna en el Departamento de Educación de esta institución.

En función de estas dificultades, Dewey migra a la Universidad de Columbia, donde da continuidad a su trabajo de investigación profundizando las ideas relativas a la ampliación del empirismo histórico, marcando la idea de la importancia de la experiencia práctica en la formación del pensamiento, que para él, se conformaría como una función creativa en un importante instrumento de intervención y cambio social.

Su visión sobre la realidad es influenciada por la vivencia de profundas transformaciones en el escenario político mundial, de las cuales el fin de la guerra civil americana, la revolución rusa y la crisis económica de 1929 son algunos ejemplos. Al subrayar el momento histórico en el cual los pensadores se ven insertos, tenemos en cuenta la idea de que una teoría no es un fenómeno que surge con independencia de la historia. Al contrario, el nacimiento de una corriente teórica se da en consonancia con las condiciones históricas de una época específica. Así, tener en cuenta un

escenario marcado por la demanda de consolidación de
una sociedad americana anclada en un trípode relativo a
la ciencia, la tecnología y la educación es un aporte importante en el análisis de la teoría deweyana.

El momento político donde se da la emergencia de los
principales presupuestos de su teoría es marcado por un
giro relativo a los derechos educativos: la sociedad americana, así como el mundo occidental, se ocupaba de la
idea –muy fuerte en el final del siglo XIX– de que más allá
del acceso a la escolarización, se debería tener en cuenta
la realización de los cambios necesarios en el interior del
proceso educativo a fines de asegurar el mantenimiento
del interés del alumno. Este interés se daría por el desper-
tar de algo que se podría denominar voluntad de saber, y
que partiría del sujeto que aprende con las herramientas
puestas a su disposición por la institución educativa. Este
giro favoreció un cambio significativo relativo al lugar del
alumno en el proceso de aprendizaje.

En este escenario, Dewey propone reflexionar sobre
el modelo educacional vigente intentando comprender
las complejas relaciones entre las prácticas escolares y su
discurso. Por lo tanto, desarrolló una vasta producción
teórica a fines de indagar, analizar y criticar los presupuestos educativos tradicionales, con el objetivo de construir
nuevos conceptos y desplegarlos proponiendo una nueva
mirada sobre las relaciones y prácticas pedagógicas. Estas
prácticas deberían tener en cuenta la subjetividad y la cultura como partes constitutivas de la estructura educativa,
actuando en el sentido de suministrar recursos para la
creación de nuevos modelos y prácticas en el interior de
la institución educativa.

Dewey defendía la idea de que –así como en la teoría
vigotskiana– el sujeto, con sus características e historia
particulares, debería ser considerado parte inherente y
fundamental en la sociedad, sustentando el presupuesto de

que el pensamiento, más allá de una mera función cerebral, debería ser observado como un proceso construido por el propio sujeto, con vistas a la integración de las experiencias de lo cotidiano por la vía del desarrollo de la capacidad de raciocinio y del espíritu crítico. Estas capacidades pueden ser debidamente desarrolladas en caso de que el ambiente educativo se presente propicio. Como pensador de su tiempo, se distingue de las teorías comeniana y herbartiana cuando, entre otros aspectos, defiende que no hay separación entre vida y educación, y pone al sujeto que aprende en el centro del proceso educativo.

Para este teórico no tenía sentido pensar en dos momentos distintos en la vida de los sujetos, donde en uno se prepara para la vida y en el otro se vive. También no encontraba sentido en la idea de que los contenidos relativos a la enseñanza se encontraban listos, siendo, por lo tanto, fijos. Para él el pensamiento se consolidaría por la vía de un proceso de constante reconstrucción de las experiencias vividas, con el propósito de habilitar al sujeto para responder los desafíos sociales. Así, sostenía el presupuesto –fundamental en su obra– de que pensamiento y acción forman un todo indivisible que debe servir no solo para consolidar lo establecido, sino también para promover la transformación social.

Para Dewey, la libertad y la autonomía estarían intrínsecamente ligadas al desarrollo de las capacidades individuales, que a través de la vivencia de la experiencia, alimentarían el potencial creativo. Así, la actividad, la experiencia y la participación suministrarían los recursos necesarios para el desarrollo del proceso educativo cumpliendo también la función de unir medios y fines.

El autor puso atención en la importancia de reflexionar sobre los mecanismos sociales que tendrían por misión garantizar la plena participación del sujeto en la vida en sociedad, ya que la posibilidad de intervención y cambio

social solo sería posible, en su visión, gracias a la construcción de un espacio donde se pudiera observar un pleno
proceso de desarrollo de sus potencialidades. Este espacio
no sería otro más que la institución escolar. Para el autor,
la escuela sería el *locus* privilegiado en el descubrimiento
y la expansión de las capacidades intrínsecas a los alumnos, sustentando su curiosidad por los estímulos externos
y consolidándose como puente entre los sujetos y medio
para los fines de viabilizar su potencial transformador:

> Existe la tendencia tanto por parte de los defensores como
> de los adversarios de la libertad en la escuela al identificarla
> con la ausencia de dirección social o, a veces, con la falta de
> coerción meramente física del movimiento. Pero la esencia
> de la demanda de libertad es la necesidad de condiciones
> que permitan al individuo prestar su propia contribución
> especial a un interés de grupo y a compartir sus actividades
> de modo tal que la guía social sea un asunto de su propia
> actitud mental y no un mero dictado autoritario de sus actos
> (Dewey, 1916/1995: 331).

La visión deweyana sobre las categorías de participación, libertad y autonomía es fuertemente influenciada
tanto por las ideas liberales, tan en boga en el inicio del
siglo XX, como por los presupuestos de la escuela pragmatista. Tanto unas como otros suministraban aportes a
la idea de que la verdad, construida por la vía de la acción
experimentada, se conformaría como el real recurso para
la instauración y el mantenimiento de la libertad y la autonomía de los sujetos. Por esta lógica, también podría
suponerse que la única forma de organización política capaz
de reconocer el valor de la participación de los alumnos en
el ámbito escolar, estimulando su desarrollo intelectual y
en consecuencia promoviendo su plena participación en
el escenario social, sería la democracia.

Acerca de la visión liberal, se hacen necesarias algunas aclaraciones: las ideas sobre libertad, democracia,

participación y autonomía son distintas tanto para los presupuestos de la escuela liberal inglesa, representada principalmente por Stuart Mill y MacPherson, como para las nociones relativas al pensamiento liberal francés, representado por Tocqueville y Montesquieu. Podríamos decir que manteniendo debidamente demarcadas sus enormes distinciones, la teoría deweyana es tributaria de ambas visiones: de la primera, por la revisión de los principios de igualdad y oportunidad, tan necesarios a la condición de participación social, así como por su carácter de rechazo a toda forma de coerción institucional como medio de cercenamiento de la libertad y de los derechos individuales, incluido el derecho a la diversidad. De la segunda, la teoría deweyana adopta la defensa de una lectura humanista acerca de los modos y los fines de la participación social con vistas a lo colectivo, como también la idea de centralidad que los principios democráticos y participativos tendrían en la instauración de cualquier forma de organización social. Para esta corriente, la democracia tendría un valor moral en sí mismo en la lucha contra las desigualdades.

Al pragmatismo, más allá del pensamiento liberal, Dewey lo tiene como importante aporte a fines de encontrar una forma de unir pensamiento y acción, superando tensiones entre la filosofía y la ciencia y buscando el despliegue del carácter exclusivamente empírico de la experiencia, agregándole el material simbólico contenido en la cultura.

Boto (2006) cartografió el pensamiento deweyano a partir de tres matrices. La primera contiene sus escritos pedagógicos, donde el teórico piensa las cuestiones relativas a la enseñanza por la vía de la centralidad dada al acto de aprender. De acuerdo con la autora, en este momento Dewey ve el aprendizaje como acto resultante de la experiencia que sería reconstruida tanto por la vía de aportes propios al sujeto, como por la vía de lo social, pues el ejercicio de aprender congregaría conocimientos anteriores, le agregaría nuevos valores y permitiría un incremento en el alcance de su comprensión. Es innecesario decir que en este momento, la característica más requerida del sujeto que aprende es su plasticidad. También aquí, de acuerdo con Boto (*op. cit.*), Dewey defiende la idea de que a la escuela le cabría dialogar con lo antológico del sujeto, rescatando su herencia histórica, su conciencia colectiva. En este sentido, el profesor sería "un miembro de la comunidad que selecciona influencias que afectarán al niño y contribuye para que ello sea asistido de modo de responder apropiadamente a las mismas influencias" (Dewey, véase Boto: 606). En este momento, según la autora, el escrito más importante de Dewey sería el texto *Mi credo pedagógico*, de 1897.

Los escritos deweyanos sobre el movimiento de renovación educacional –la segunda matriz– encontrarían su ápice en la obra *Democracia y educación*, de 1916. En esta obra, el autor presenta la esencia de su pensamiento: plantea cuestiones acerca de la naturaleza de la educación exhibiéndola como una necesidad, ya que une generaciones por la vía de la transmisión, promoviendo desde el crecimiento individual hasta la manutención de la colectividad. También reafirma la especificidad de la función social de la educación, analizando sus prácticas, sus objetivos, sus contenidos, sus modos de relación y su método de acuerdo con los ideales democráticos, donde se observa el intercambio de experiencias, creencias y hábitos con vistas a la ampliación de la visión del mundo dado por la vía de la inmersión en el universo simbólico de la cultura.

Para el autor, en este momento se consolida su apuesta en el régimen democrático. De acuerdo con él, una sociedad puede ser considerada democrática cuando favorece "la participación en sus bienes de todos sus miembros en condiciones iguales y asegura el reajuste flexible de sus instituciones mediante la interacción de las diferentes formas de vida asociada" (Dewey, véase Boto: 114). Al afirmar que la democracia se extiende a todos los modos de asociación humana, la confirma como una idea inquebrantable, un ideal que debe ser buscado hasta las últimas consecuencias, pues remite a los fundamentos de la vida colectiva.

Por fin, aun manteniendo la matriz de pensamiento de Boto, tenemos el (tercer) momento en el cual el autor se propone contestar las posibles críticas a su teoría. Este momento tendría como representante al texto *Experiencia y educación*, de 1938. En esta fase, de acuerdo con la autora, Dewey se dedicó a ponderar la confrontación entre las premisas de la educación tradicional, de carácter mimético, y las premisas de la propuesta de educación de base progresista, de carácter exploratorio, con vistas al desarrollo de la capacidad crítica del sujeto. Para eso, analizó largamente las ideas de una corriente educacional que partían del desarrollo interior del sujeto como meta primordial del acto educativo, así como también la visión de la otra corriente, que sustentaba la idea a partir de la cual la formación educativa sería configurada como el medio que se presenta como contribución para el aprendizaje.

Su trabajo en esta fase se fijó en la intención de comprender los sentidos y significados dados a los contenidos de la enseñanza, proponiendo reflexionar sobre la estructura y la organización de las disciplinas y métodos de enseñanza. También se centró en la revisión de la validez de la idea de la enseñanza como "preparación para el futuro", reafirmando su premisa de que tanto la educación como la vida solo podrían ser pensadas en un tiempo que representase el presente: "Vivimos en el tiempo en el cual estamos, y no en otro tiempo. Solo cuando extraemos en cada ocasión, de cada presente de la experiencia, todo el sentido, es que nos preparamos para hacer lo mismo en el futuro" (Dewey, véase Boto: 612).

Con lo expuesto podríamos concluir que Dewey, como pensador vanguardista –por la utilización de las contribuciones del pragmatismo y del liberalismo en un campo efectivamente cerrado hasta entonces–, posibilitó con sus estudios importantes contribuciones al campo de la educación, siendo considerado el educador estadounidense de más reputación en el siglo XX.

De las críticas a la teoría deweyana, elegimos dos: la de Snyders (véase Boto, *op. cit.*), que evidenció su contraposición en lo tocante a la cuestión de lo que denominó "recusa al direccionamiento" contenida en la propuesta deweyana. Este autor defendía la idea de que la anulación de la asimetría en el proceso educativo propuesto por Dewey anularía también el lugar social y pedagógico del profesor, relegándolo a una mera función formal en el proceso.

Además de esto, por insertarse en una propuesta burguesa de educación, promovería en el interior de la escuela una falsa acepción de democracia, así como el disfraz de las situaciones de desigualdad en el ambiente educativo. Arendt (1960/1992b) también va en esta línea cuando trata sobre la crisis en la educación a partir de los problemas experimentados en el mundo occidental contemporáneo, y más concretamente, en América Latina, como resultado de las corrientes educacionales asociadas con el pragmatismo americano: visión señalada por la autora en su texto *La crisis en la educación*. En este texto acusó a lo que llamó "las nuevas corrientes educativas", entre otros errores (para usar un eufemismo), de diluir la autoridad del profesor relegándolo a lo que podríamos llamar un facilitador del proceso, un "cuidador" de niños, un mentor que no tendría nada que decir. Esta idea nos llevaría a creer, de acuerdo con la autora, que todo lo que ha presidido las teorías educativas en América Latina durante los últimos treinta años permitió la disolución del sentido más amplio del término tradición, ya que debilitó a la escuela, expoliando el carácter legitimador de su función.

Críticas aparte, es hace importante mencionar que entre las contribuciones deweyanas en el campo educativo, prevalece la idea a partir de la cual el autor innovó, al proporcionar herramientas para realizar una mirada más profunda sobre lo que es democracia. Así, su concepción sobre el término va más allá de una visión unívoca, representativa de un régimen de gestión, significando una forma de vida compartida, de carácter colectivo, ya que el autor afirma que "una democracia es mucho más que una forma de gobierno, es principalmente una forma de vida asociada" (Dewey, 1946: 132).

Si la vida asociada demanda libertad, esta, para el autor, solo se realiza cuando tiene por referencia al otro. Es por tanto contextual, y como tal, generadora de autonomía en el sentido de que se estructura por la vía del contacto con el otro y con los límites que este contacto impone, permitiendo así un balizamiento de la acción. Esta sería entonces la función del profesor como autoridad docente: promover un espacio de vida asociada donde el alumno, más allá de aprender contenidos, pueda aprender a compartir, a identificar así el verdadero valor de la democracia en cuanto "experiencia conjunta y mutuamente comunicada" (ibídem).

2.2.4.3 Freire y el sujeto dialógico

Paulo Freire (1921/1997), educador brasileño, se consagró al proponer que la escuela, más allá del rol tradicional de transmitir conocimientos, debería comprometerse a recuperar los saberes cotidianos de los alumnos trasponiendo así la dicotomía entre el saber popular y el saber académico. Con esto afirma su presupuesto de que la educación, más que una instrumentalización neutra de los contenidos, es una acción eminentemente política, debiendo comportarse

como tal. En el intento de aproximar los procesos pedagógicos a la acción política, vista como una acción con vistas
al bien común, el autor dedicó toda su vida.

En su historia personal, conoció la pobreza y el ham-
bre cuando falleció su padre, y la familia, en plena crisis
de 1929, enfrentó graves dificultades de supervivencia. A
fines de ayudar en el sustento de su hogar, trabajó como
profesor en una escuela secundaria. Esta experiencia lo
hará abandonar su profesión de abogado y mantener, en
toda su vida, una intensa relación de deseo de transformación del espacio escolar: sus primeras experiencias en
alfabetización se dieron en la región nordeste de Brasil, y
luego se tornaron referencia por el impacto generado por la
creación de una nueva visión acerca de la praxis educativa.

Freire siempre asumió su formación cristiano-católica,
manteniendo estrechos contactos con la Iglesia en el desarrollo de su trabajo de alfabetización. Fue considerado por
varios intelectuales como uno de los ideólogos del movimiento de la Teología de la Liberación en América Latina
(Bambozzi, 2000). Asumió también que el materialismo
histórico marxista fue uno de sus aportes más importantes,
declarándose próximo a él desde lo ideológico. Por eso su
método ha sido considerado subversivo, y su carrera fue
interrumpida por el golpe militar brasileño que al iniciarse
en 1964 lo persiguió, haciendo que después de un período
de cárcel, se exilase en Bolivia y después en Chile, donde
escribió *Educación como práctica de la libertad* (1967), y
dos años después, *Pedagogía del oprimido*. El autor, por
su recorrido en favor de los menos favorecidos económi-
camente, fue invitado a coordinar el sector de educación
del Consejo Mundial de Iglesias, y se fue a vivir a Ginebra.

Por su obstinación por enseñar a los sujetos despro-
veídos de capital económico, así como también de instrucción formal –a quienes denominó oprimidos–, Freire fue
aclamado por diversos organismos internacionales, incluso

por la UNESCO, sirviendo de inspiración para educadores latinoamericanos, aunque su influencia se nota también en África, Europa y Estados Unidos, donde actuó como profesor invitado en Harvard. Luego, al sistematizar su teoría, elaborando y repensando sus marcos teóricos, fue comparado a pensadores de la importancia de Freinet, Gramsci, Fromm y Dewey (Bambozzi, *op. cit.*: 137).

En 1980, después de dieciséis años de exilio, vuelve a Brasil desarrollando un intenso trabajo intelectual como profesor, investigador y consultor, actuando también como Secretario de Educación del Estado de San Paulo. Recibió el título de Doctor Honoris Causa de veintisiete instituciones universitarias alrededor del mundo, siendo considerado un importante aporte en la historia de las ideas pedagógicas en Occidente. Murió en 1997, dejando un libro inacabado y diversos proyectos, así como un importante legado como un "educador comprometido con la vida".

De acuerdo con Gadotti (1997), Freire se ocupó, a lo largo de su obra, de proclamar las virtudes necesarias a la efectividad de una práctica educativa transformadora –tales como compromiso, libertad, humildad, tolerancia, generosidad y esperanza–, siendo esta última considerada por él como un "imperativo histórico existencial".

Freire trabajó incansablemente por la educación popular: "La que reconoce la presencia de las clases populares como un *sine qua non* para la práctica realmente democrática" (Freire, 1993: 114). Veía la educación como instrumento de concientización y liberación, y creía que a través de ella, los sujetos podrían actuar de forma crítica en la vida social y política, asumiendo así los rumbos de su destino.

Es importante no olvidar el hecho de que en la década del sesenta en Brasil, época en que el autor desarrolló un plan de alfabetización a nivel nacional, había un enorme contingente de analfabetos a quienes no cabía nada más

que observar o contemplar el curso de la historia. A estos
sujetos Freire intentaba devolverles el carácter de ciudadanía por la vía dialógica, reconociendo en cada uno y en
la alteridad los medios de transformación de la situaciones
donde imperaba la condición de opresión: "La dialogicidad
es la esencia de la educación como práctica de la libertad"
(Freire, 1969: 142).

Freire abogaba en sus escritos por una necesaria actitud
defensiva contra las acciones de deshumanización insertas
en las prácticas sociales vigentes, y contra la tentativa de
distorsión del sentido ético de la autonomía, actitudes
llevadas a cabo por el ideario neoliberal, que al estimular
la competitividad, predicaba la individualización como
postura necesaria al crecimiento, aislada de la ética y de
la alteridad, categorías tan caras a la condición humana
en la visión freireana.

El autor invitaba a los educadores a buscar una visión
cuidadosa sobre la génesis de la opresión, para intentar
descubrir sus orígenes y proponer una salida en la identificación de caminos hacia la transformación. Esta postura
demandaba de ellos (los educadores) una visión crítica de
la realidad, así como una intención tácita de intervenir en
ella, asumiendo su rol de agente de transformación social.
Esta insistencia acerca de la acción se da por creer que
más allá de un mero activismo caracterizado por el acto
de moverse, la acción verdaderamente humana debería
ser marcada por la reflexión.

Alertaba también sobre la importancia de la "riguro-
sidad ética" de los educadores, una ética inseparable de
la práctica y de la preparación técnico-científica del educador, mostrándose así convencido de la naturaleza ética
de la práctica educativa como específicamente humana:
"Cuando hablo de la ética universal del ser humano estoy
hablando de la ética en cuanto marca de la naturaleza
humana, en cuanto algo absolutamente indispensable a

la convivencia humana" (Freire, 1996: 19). Esta práctica engendraría, a partir de la aproximación del saber cotidiano de los sujetos con los objetos de investigación, condiciones hacia una lectura crítica del mundo, comprometiéndose con él: "No temo decir que carece de validez la enseñanza que no resulta en un aprendizaje en que el aprendiz no se volvió capaz de recrear o de rehacer lo enseñado" (*op. cit.*: 27).

Para el autor, el compromiso con la transformación se daría por la vía de la conciencia histórica del *estar en el mundo y con él*, condición previa para la intervención. Así, la praxis freireana se fundamenta en una ética inspirada en una relación ser-mundo como categorías indisociables. La expresión ética de su trabajo también se da por la vía estética bajo la idea del rescate de la belleza de las formas de expresión humana como construcción compartida: "Como presencia consciente en el mundo no puedo escapar a la responsabilidad ética de mi moverme en el mundo (Freire, 1996: 20).

Es imposible no apasionarse por la propuesta freireana de educación. No se puede descartar aquí la familiaridad histórico-geográfica de esta investigadora con el autor, por su condición brasileña. Además de esto, la propuesta instiga a la reflexión acerca de la militancia por el reconocimiento del carácter ciudadano de los sujetos humanos, incitando a los educadores a soñar, valorar, romper, intervenir, transformar al mundo a partir de la conciencia de su rol y de su responsabilidad junto a los aprendices, del rigor relativo al quehacer del educador: "La reflexión crítica sobre la práctica se torna una exigencia de la relación Teoría / Práctica sin la cual la teoría puede convertirse en palabrería y la práctica en activismo" (*op. cit.*: 24). Este ejercicio constante de reflexión, aliado a un continuo proceso de formación profesional, sería una de las herramientas capaces de romper con la propuesta de "educación bancaria", que deforma las calidades obstaculizando un aprendizaje transformador. En estas calidades o virtudes –hacia una educación problematizadora–, el autor trabaja a lo largo de toda su vida:

> Sin ciertas calidades, cualidades o virtudes como el amor, el respeto a los otros, la tolerancia, la humildad, el gusto por la alegría, por la vida, la apertura a lo nuevo, la disponibilidad al cambio, la persistencia en la lucha, el rechazo a los fatalismos, la identificación de la esperanza, la apertura a la justicia, no es posible la práctica pedagógico-progresista, que no se hace tan sólo con ciencia y técnica (Freire, 1996: 115).

Hay una serie de críticas a la teoría freireana que van desde la idea de que el autor creó un modelo de alfabetización de perspectiva izquierdista, y por lo tanto, puramente ideológico, hasta la idea de que desarrolló un modelo de alfabetización basado apenas en el amor por lo humano, y por lo tanto, sin substrato teórico.

Pensar en Freire como un pedagogo cuya escritura se acerca de la autoayuda, tan común en estos tiempos donde impera la modernidad líquida, representa un profundo desconocimiento de los presupuestos de su pensamiento. Freire, por encima de todo, luchaba por una educación verdaderamente seria, donde la actitud de rigor metódico con la cual los profesores deberían trabajar con los alumnos para la aproximación de ellos a los objetos cognoscibles, así como el rigor relativo a la epistemología pedagógica que pregonaba en sus escritos, son marcas de un pensamiento consubstanciado en saberes sólidos. Más allá de una práctica humanista, pregonaba el respeto al ejercicio del saber: "El profesor que no lleve en serio su formación, que no estudie, que no se esfuerce por estar a la altura de su tarea, no tiene fuerza moral para coordinar las actividades de su clase" (Freire, 1996: 88).

Así, a lo largo de su recorrido teórico, podemos observar que el autor mezcla las categorías de autoridad, libertad y autonomía, donde el ejercicio de la primera presupone la existencia y la importancia de las otras dos categorías en la construcción de un clima de auténtico aprendizaje. Aquí queda claro el testimonio del profesor, como figura representante de una autoridad ética, de que la más amplia forma de aprendizaje se da por la vía de la formación de la responsabilidad de la libertad que asume en el proceso de construcción y reconstrucción de los saberes:

> Siempre está presente en la práctica de la autoridad coheren-temente democrática un esfuerzo que la vuelve casi esclava de un sueño fundamental: el de persuadir o convencer a la libertad de que ella va construyendo consigo misma, en sí misma, su autonomía con materiales que, aunque llegados de afuera, son reelaborados por ella [...] en el fondo, lo esencial de las relaciones entre educador y educando, entre autoridad y libertades, entre padres, madres, hijos e hijas es la reinvención del ser humano en el aprendizaje de su autonomía (Freire, 1996: 90-91).

Así, Freire se impone al mundo como un pensador que pregonaba la convivencia amorosa, aliada a una pos-tura curiosa, abierta, desafiante y sobre todo éticamente responsable, a partir del acto de educar, en la búsque-da de desvelar sujetos socio-histórico-culturales, sujetos que tengan definidas e incorporadas sus representaciones subjetivas, es decir, sus dimensiones sociales y humanas. Parece muy claro, por lo expuesto, que para Freire la re-presentación del acto de educar refleja con claridad una posición político-ideológica de los educadores. Estos, al no permitirse condicionar o determinar por las conjunciones opresoras de la historia, deciden, optan, eligen, y por lo tanto, actúan conscientemente al reconocer el presente –pleno de historicidades singulares– como un tiempo de infinitas posibilidades hacia el futuro.

Concluimos este capítulo creyendo haber aportado importantes pensamientos y sólidas ideas acerca de las cuales se puede desarrollar una propuesta de investigación sobre la temática de la autoridad, visto que además de estar viviendo en un tiempo configurado como "líquido", aún sobran espacios simbólicos donde, por la fuerza de la gente involucrada en no permitir la pérdida total de referencias relativa a la condición humana, mantiene una postura de resistencia a este modelo dominante. Este modelo solo puede ser enfrentado si la gente tiene fuertemente arraigadas las ideas de algunos que también lucharon por mantener espacios donde se valorizaba la razón crítica, por encima de la razón instrumental. Pensadores que de algún modo hicieron una ruptura epistemológica con los presupuestos de un modelo dado, a fines de construir nuevos aportes sobre las cuestiones que les tocaban en su quehacer cotidiano.

En el próximo capítulo trataremos de la categoría "juventud" como un importante aporte para pensar el tiempo presente y sus vicisitudes, pues nos parece que se encuentra, desde su posición de fracción de la población más vulnerable al derrumbe de las referencias simbólicas, como una metáfora referida a los presupuestos de la modernidad reciente. Además, sabemos que estos cambios afectan a todo el cuerpo social; creemos, como Dufour (2009), que es inevitable que los jóvenes "estén entre los grupos de la población más sensibles al desvanecimiento creciente del Otro; en este sentido son la figura ejemplar de la posmodernidad" (p. 129).

> Esta propuesta está así conformada en función de entender que en este grupo social se observa el impacto más temprano de las severas modificaciones percibidas en la contemporaneidad. Es necesario indicar que igualmente sabemos que no hay una sola juventud, sino varias, pues como categorías histórico-culturales, presentan distinciones relativas a su realidad social, que al fin y al cabo favorecen la adopción de específicas formas de ser y estar en el mundo. Tomaremos a las juventudes plurales como un punto a partir del cual

pensar la cuestión de la adhesión (o no) a una figura de
autoridad, así como los factores que por ventura puedan
afectar a su reconocimiento, ya que esta, por su carácter
simbólico, nos remite a los valores conformados en otro
tiempo y contra los cuales trabaja, incansablemente, la lógica
capitalista. Lógica, por lo expuesto hasta aquí, imperante en
la contemporaneidad.

3. Juventud(es) en tiempos inciertos

En los dos capítulos anteriores tratamos de identificar qué factores están en estricta ligazón con la asunción de la autoridad en la contemporaneidad. Nuestro objetivo es, por un lado, hacer visibles algunos puntos relativos al contexto social, político, económico y cultural, entendiendo que estos puntos producen cambios en las subjetividades, y en consecuencia, en los sistemas de percepción y representación del hombre, del tiempo, del espacio y de la vivencia de la intimidad; por lo tanto, se trata de cambios en el modelo de construcción de los lazos sociales. Por otro lado, tratamos la temática específica de la *autoridad*, proponiendo una mirada general desde la vía de los cambios ocurridos en función de las transformaciones en el contexto de la historia, intentando identificar distinciones acerca de la representación de la categoría de autoridad en distintos tiempos y campos de conocimiento.

En este capítulo nos ocuparemos de la temática de la *juventud*, aunque comprendamos que las discusiones acerca de esta categoría son controvertidas, dadas las distintas posibilidades de mirada sobre la cuestión. Iniciamos con un recorrido sobre la temática bajo la idea de que más allá de ser una categoría descripta a partir de la edad, o sea, conformada en un período fijo de existencia, es un fenómeno complejo que involucra cuestiones relativas a una multiplicidad de factores que van desde la influencia de los atravesamientos culturales hasta las condiciones objetivas de vida, donde familia, trabajo, escolarización y vivencia de la intimidad son aspectos a ser considerados como configuradores de una subjetividad denominada "juvenil". Además, intentaremos trabajar temas relativos a puntos que atraviesan la condición juvenil, tales como los cambios culturales, la escuela y las representaciones

relativas al rol del Otro y sus atravesamientos en la construcción del espacio subjetivo del joven contemporáneo.

Empezamos por la confusión de términos que usual-
mente se observan en las discusiones acerca de la temática de la juventud. El uso concomitante de los términos
adolescencia y juventud, que tanto se pueden encontrar
en superposición como marcando campos distintos pero
complementarios, termina por promover dudas. Así se propone, inicialmente, trabajar la aclaración de estos términos,
así como su campo de actuación a fines de tornar más clara
la delimitación de esta categoría social. Promoviendo la
distinción de los términos, retomaremos la discusión relativa a nuestro objeto de estudio central: la(s) juventud(es).

3.1 El laberinto terminológico

Tal como se expuso anteriormente, hay cierta confusión
entre los términos adolescencia y juventud, y una intensa
discusión relativa a los campos a quienes cabe desarrollar
analíticamente cada uno de ellos. Podríamos decir que
desde una mirada disciplinaria, el campo de la psicología se
ha encargado de la responsabilidad de describir y delimitar
los procesos relativos a la adolescencia como etapa de vida
responsable por modificaciones psicocorporales, poniendo
acento en el sujeto particular como referencia para estudios
de naturaleza más amplia. Luego, a la Psicología Evolutiva
se relegó la tarea de identificar e investigar las cuestiones
relativas al desarrollo del sujeto adolescente.

Stanley Hall, psicólogo estadounidense, al publicar
en 1904 un tratado sobre la adolescencia, impulsó de manera consistente este campo de estudio, tornándose un
clásico. Algunas de sus ideas, aunque haya transcurrido
más de un siglo, se mantienen actuales, como la que habla
de un período de intensas transformaciones de distintos

órdenes engendrando tensiones, inestabilidad y ambigüedad. También la idea de un período donde se vive un duelo por la infancia perdida, que sumado a una presión por la adhesión a posturas de carácter más adulto, remite a la cuestión de un nuevo nacimiento, tal como lo preconizado por Rousseau en la novela *Emilio.*

Es importante señalar que de acuerdo con lo visto en el primer capítulo de este trabajo, la contemporaneidad es un tiempo donde predomina la incertidumbre, y sólo por esto, las cuestiones relativas a la ambigüedad y a la inestabilidad no podrían ser imputadas a una única categoría poblacional. En un tiempo donde se testimonian cambios intensos, subvirtiendo el universo de sentido relativo a los códigos y las costumbres comunes, se manifiesta también la disolución de los sentidos y significados construidos e incorporados a lo largo de los siglos.

Así, en este tiempo, prevalecen los sentidos proyectados por un nuevo orden que responde al sujeto desde decisiones externas e independientes de su poder de elección. En este sentido se movilizan algunos investigadores: hay una gran cantidad de trabajos que se caracterizan por proponer otra visión sobre lo que se podría llamar "condición adolescente", y que lucha por la "desnaturalización", o bien una "desuniversalización" de las concepciones que terminan por estigmatizar al sujeto adolescente como aquel en constante crisis consigo y con el mundo en general. Aunque la concepción de "crisis" etimológicamente nos remita a la idea de resolución, este aspecto no se observa en general. Lo que prevalece es la connotación negativa relacionada con un período de tormenta, de desorganización y de peligro.

Incluso, acerca de la confusión entre los términos "adolescencia" y "juventud" cabe esclarecer: si a la psicología cabría disecar un período específico de desarrollo humano, el campo de las ciencias sociales, a su vez, abarcaría el estudio del sujeto en su relación con lo colectivo, desvelando mayoritariamente su condición histórico-social. Aunque este campo también recurra a la idea de una franja de edad, esta se consolida apenas como un punto de anclaje a través del cual se buscan datos a fines de constituir un campo de estudio que tiene por base los fenómenos sociales, históricos y culturales por los cuales los sujetos se encuentran atravesados.

Es importante comentar que la complejidad de la temática no se da solo por la confusión entre los términos, sino también por las monumentales distinciones encontradas en una misma categoría, ya que "es por un formidable abuso de lenguaje que se pueden subsumir bajo el mismo concepto universos sociales que no tienen prácticamente nada en común" (Bourdieu, 1978/2003: 144). Así, sobre la búsqueda de una definición que pueda presentar una respuesta satisfactoria para el término juventud, Urbieta (2003) apunta hacia la diversidad de epistemologías a partir de las cuales la mirada acerca del "objeto" es distinta, así como hacia el aspecto de que los estudios sobre los fenómenos generacionales en los países latinoamericanos son recientes.

El autor comenta que desde una perspectiva tradicional, lo imaginario sobre el joven "revestía a los sujetos de un rol de menores, no solo en la capacidad de asumir responsabilidad legal, sino también en la capacidad de entender, actuar y ejercer su carácter de sujetos" (*op. cit.*: 11), mirada que sufrió un giro observado en las décadas del sesenta y del setenta, por la intensificación del fenómeno de industrialización que terminó por modificar las representaciones sobre lo que es lo juvenil en el escenario social.

Acerca de la emergencia de la categoría de juventud en la contemporaneidad y sus atravesamientos, Reguillo (2000) nos informa:

La juventud como hoy la conocemos es propiamente una "invención" de la posguerra en el sentido del surgimiento de un nuevo orden internacional que conformaba una geografía política en la que los vencedores accedían a inéditos estándares de vida e imponían sus estilos y valores. La sociedad reivindicó la existencia de los niños y los jóvenes como sujetos de derecho y, especialmente, en el caso de los jóvenes, como sujetos de consumo (Reguillo, 2000: 23).

Bajo la multiplicidad de abordajes y las distintas concepciones, que van desde aquellos que apuntan una fase del ciclo vital del sujeto que se ubica entre la infancia y la madurez, hasta una categoría social que presenta cierta similitud de experiencias dada la vivencia en un momento particular –o sea, bajo condicionantes socio-histórico-culturales comunes–, las ciencias sociales vienen intentando avanzar en la identificación de marcos conceptuales por la vía del desarrollo de distintas perspectivas disciplinares e investigaciones cuyas estrategias y métodos han suscitado un intenso debate. En este sentido, D'Ávila León (2004) complementa:

> Las estrategias y métodos de investigación social sobre adolescencia y juventud también vienen constituyendo un campo de debate en las ciencias sociales, donde el uso de estrategias de tipo cualitativo, y centradas con mayor énfasis en las subjetividades de los sujetos, han adquirido marcada relevancia, sin desconocer la utilización amplia de estrategias del tipo cuantitativo (D'Ávila León, 2004: 39).

El autor incluso comenta sobre el mérito de las estrategias de tipo cualitativo en el avance de la búsqueda de ejes comprensivos de cuestiones constitutivas de la condición juvenil, posibilitando la ampliación de un marco que permitiría una mayor "profundización analítica de las cotidianeidades juveniles". Se promueve así una interlocución tanto con los contextos sociales como con las instituciones con las cuales los jóvenes mantienen algún tipo de relación, minimizando lagunas e insuficiencias en la búsqueda de un trazado más uniforme, o sea, de un panorama más amplio de comprensión sobre las cuestiones relativas a la juventud contemporánea.

Abramo (1994) contribuye con la discusión concordando con la idea a partir de la cual, en general, se entiende la juventud como un período de vida referido tanto a una franja de edad como a un tiempo de desarrollo donde ocurren transformaciones psicológicas y sociales, entendiendo que esta noción es socialmente variable:

> La definición del tiempo de duración, de los contenidos y significados sociales de esos procesos se modifica de sociedad en sociedad y en la misma sociedad, a lo largo del tiempo y a través de sus divisiones internas. Además, es solamente en algunas formaciones sociales que la juventud se configura como un período destacado, o sea, aparece como una categoría con visibilidad social (Abramo, 1994: 41).

Bajo estas consideraciones, intentaremos ingresar en la temática trabajando la idea de que la juventud, como una "invención" de la Modernidad, se configura como una categoría socialmente construida, engendrada, como un período intermediario, por el fenómeno de la industrialización de la sociedad, hecho que alimentado por el desarrollo del capitalismo hace nacer un nuevo tipo de sociedad, permitiendo observar la emergencia de nuevas prácticas sociales.

De esta manera, comprendemos que en un tiempo donde los ritos de pasaje son desalojados de sentido, se perciben mudanzas de gran magnitud relativas al proceso de representación de lo que es "ser adulto". Desde un contexto específico de orden socio-económico-cultural, se perciben distinciones relativas a la representación tanto de las diferentes etapas de la vida del sujeto como de las prácticas sociales engendradas por las condiciones materiales y simbólicas de un tiempo determinado. Así, desvelando

algunas distinciones relativas al uso de los términos y concepciones, sin con esto intentar agotar todos los puntos
del vasto campo vinculado con el laberinto terminológico
a que se refieren estos dos conceptos, llegamos a la idea
de la construcción de una categoría social multifacética
denominada "juventud". Acerca de esto trabajaremos en
seguida.

3.2 La juventud como construcción social

La historia de la juventud puede ser definida como la
historia de los modos como ha sido pensada y construida
históricamente. Así, se puede deducir que las nociones y
los conceptos engendrados en el proceso histórico tienen
como objetivo ubicar a determinados fenómenos sociales
en espacios específicos, delimitando, incluso, las bases a
partir de las cuales se pueda construir un discurso sobre
ellos.

El siglo XX ha sido fértil en desvelar, desde los presupuestos de distintas corrientes de pensamiento, lo que
se podría llamar "base natural" que se asentaría sobre
distintos conceptos, entre ellos: género, etnia, orientación
afectivo-sexual, juventud y vejez, solo para citar algunos.
De esa manera, otra mirada sobre estas nociones propone
analizar, más allá de los discursos corrientes, las formas a
partir de las que se construyen y se reproducen discursos
y prácticas que terminan por reducir sus perspectivas de
problematización. Prácticas que buscan reflexionar sobre
las implicaciones impuestas por un modelo reduccionista
de categorización social, y además, apuntan hacia las consecuencias sociales del proceso de legitimación de los discursos que tienen por base el control y la regulación social.

Por su carácter complejo, la juventud ha sido entendida y explicada desde distintas perspectivas relativas a

diferentes instituciones: la familia, la escuela, la Iglesia, el
Estado, etc. La academia, reconocida socialmente como
un espacio de construcción de saberes que por su carácter de cientificidad y por su supuesta neutralidad tienen
validez social, también colabora en la construcción de los
elementos que componen el universo simbólico que referencia las ideas acerca de la temática de la juventud. Pero
la producción científica también representa, intentando
mirar por la vía de sus intersticios, los embates políticos en
el interior del campo académico, donde cada investigador
o grupo lucha por posicionar referentes relativos a una
elaboración científica específica en el podio en que pueda
ser admirado y sobre todo referenciado por los demás. No
hay dudas de que hay un tanto de exhibicionismo en el
campo académico.

Bonder (véase Alpízar & Bernal, 2003) afirma que es
importante reconocer que inevitablemente las produc-
ciones académicas relativas a la temática de la juventud
"expresan también los miedos, la envidia, el voyeurismo,
la idealización y la nostalgia de los adultos, quienes se
vinculan con este estadio de edad como algo simultáneamente extraño y familiar" (p. 22). Sobre los posibles recortes
relativos al tratamiento de los datos y la presentación de
los resultados de un trabajo, complementa: "Sin duda,
este vínculo también juega a la hora de definir sus rasgos
y, sobre todo, interpretarlos (ibídem).

Si podemos decir que las teorías sociales corresponden
a los discursos más representativos sobre la concepción del
sujeto y del mundo predominantes en un dado momento
histórico, aquí nos interesa presentar algunas ideas que por
largo tiempo permearon el imaginario social –relativas a
tramas culturales y políticas–, responsables por conformar
perspectivas concernientes a una "tipología juvenil". Así
se conforma "el mito de la juventud homogénea", que de
acuerdo con Braslavsky (1986), "consiste en identificar a

todos los jóvenes como algunos de ellos" (p. 12). Bajo esta
perspectiva, se puede relacionar a la juventud tanto con
representaciones estéticas que evocan el brillo y la belleza
del "frescor" de la edad, como con una categoría social que
remite a la idea de la "personificación" de la crisis, de las
tormentas, del peligro y de la alienación.

Luego, a lo largo de los últimos treinta años, se buscó
delimitar puntos a partir de los cuales el concepto de juventud pudiera ser definido. Las discusiones giraban alrededor
de las ideas relativas a un período específico de la vida, un
borde de edad, una categoría social, una generación. Se
puede decir que además de ser un concepto esquivo, las
definiciones de alguna manera se vinculan a la dimensión
de la edad, marcada por una cierta singularidad y ligada
a un ciclo vital que se encuentra comprendido entre la
infancia y la madurez, entendiendo que los límites de edad
deben ser interpretados con la cautela correspondiente,
estando también atentos a las excepciones que, dada la
coyuntura histórica y sus respectivos cambios, más pueden
aproximarse a la regla.

La sociedad moderna occidental, que ya tratamos en
este trabajo, asocia el término juventud con las transformaciones físicas iniciales de este curso vital (pubertad),
así como con los cambios intelectuales y psicológicos,
teniendo su conclusión en el momento que se observa
"la inserción en el mundo adulto", que de acuerdo con
bases de la teoría sociológica funcionalista, se observa
fundamentalmente por el ingreso en el mundo del trabajo
y en el establecimiento de un domicilio propio. De ahí ya
se pueden observar intensos cambios y concluir que las
actuales condiciones socioeconómicas mundiales dificultan
en demasiado esta transición.

Tal como hemos discutido en el primer capítulo, la
contemporaneidad prima por la precarización de los medios relativos a lo que podríamos llamar estabilización de

los procesos vitales, estén ellos ligados a la infancia, a la juventud, a la madurez o hasta a las condiciones de vivencia de la vejez. Así, se observa en el presente una subversión de las concepciones de tiempo, velocidad, ritmo y valores, que determinadas por la óptica capitalista, agotan todo el sentido anteriormente dado para que prevalezca el sentido del consumismo endémico, donde reconocer derechos se parece más a posibilitar a todos el disfrute de las mercancías y los "bienes" puestos en el mercado como "marca" de calidad de vida y bienestar.

En virtud del "espíritu del tiempo" actual, se pueden observar fenómenos distintos: "jóvenes" de cuarenta años no solo disfrutando de su coche cero –de una marca que prima por el lujo y el confort– y de la posibilidad de viajar alrededor del mundo en doce cuotas sin intereses, sino también viviendo en la casa de los padres, pues todavía respetan su privacidad como "adulto que es"; y "jóvenes" de doce años que viven en la calle (por lo tanto, en una morada distinta a la de sus padres) y que se proveen su propio sustento y hasta el de su "pareja". Así, se necesita una gran flexibilidad de raciocinio para engendrar medios de explicar los nuevos fenómenos que explotan a todo momento en la contemporaneidad.

Con respecto a los cambios en la coyuntura mundial y sus reflejos, en los años ochenta se observó en los países sudamericanos un fuerte movimiento hacia la creación de políticas públicas de alcance a la juventud. Además del movimiento por la generación de políticas de protección de esta clase de población, se hace necesario pensar cuáles eran los reales objetivos que tenían los operadores de las instancias estatales al tomarse una categoría social tan compleja como la juventud como objeto de intensos debates y discusiones. Hay que pensar también, en términos de reglamentación de tales políticas, cuál sería la magnitud de la voluntad política de tales sectores.

Tenemos como ejemplo Brasil, que en los ochenta, a partir de intensas luchas engendradas por los movimientos sociales, se "movilizó" para pensar la cuestión de los adolescentes (una vez más aparece el laberinto de términos) y la creación de políticas de protección de esta franja de la población. En 1990, el congreso nacional aprobó el "Estatuto da Criança e do Adolescente", que a lo largo de diecinueve años aún es objeto de polémica y desconocimiento. Teóricamente, la legislación resultante del reconocimiento, por parte de amplios sectores sociales, de que hay una fase del ciclo de vida de los sujetos cuyo desarrollo demanda cuidados y protección especiales representa un avance sobre el entendimiento de esta población como depositaria de derechos específicos relativos a esta franja de edad, que contempla sujetos de entre 12 y 18 años incompletos, cuando se establece la mayoría de edad penal.

No hay que discutir la importancia de esta legislación que como instrumento de referencia desencadenó una serie de programas, políticas y acciones relativa al campo de la educación, de la salud, de la seguridad, de la amplia defensa de derechos individuales, así como de acciones hacia la prevención de la violencia, teniendo en cuenta prioritariamente la parcela de la población en situación de riesgo y vulnerabilidad. Pero los avances en la operacionalización de la acciones por parte del Estado (de los operadores de la justicia y de los órganos estatales que responden por los programas públicos de atención a esta parcela de la población) aún se observan como muy incipientes y desconectados de los sectores de la vida social. No es difícil encontrar en Brasil "autoridades" en distintos campos que consideran al ECA como una "fábrica de marginales" o una "ley que protege a los delincuentes", ya que estando bajo la tutela del Estado, los adolescentes y jóvenes en situación de delito tendrían, teóricamente, la atención de los órganos públicos que trabajarían hacia su resocialización.

Ya comentamos que los años ochenta fueron fértiles en engendrar debates relativos a la lucha por los derechos del niño y del adolescente en los países sudamericanos. De ahí que se produjeran importantes trabajos en Chile, Argentina, Brasil y Colombia (CEPAL, 2000, 2001, 2004), solo para citar algunos que consideramos de gran representatividad con vistas al avance de la comprensión sobre la temática, así como ofrecer aportes en la elaboración de políticas para esta categoría. Pero aún carecía de atención una parcela de esta población que, no más estando bajo la tutela del Estado, demandaba acciones públicas con vistas a retirarla del contexto de invisibilidad y desprotección. Así, a mediados de los años noventa se producen debates alrededor de la temática cuando las miradas se vuelven hacia las vicisitudes de la vivencia del joven entre 18 y 25 años, relacionadas a las dificultades de inserción en el mundo del trabajo, las cuestiones estructurales relativas al acceso y mantenimiento en las instituciones escolares, a la demanda por distintas políticas en el ámbito de la salud, así como relativas a las profundas dificultades enfrentadas por los jóvenes en estructurar sus proyectos de vida.

De esa forma, las discusiones que se iniciaron en diferentes países por distintos sectores sociales se basaban en la idea de que lo producido hasta entonces relativo a esta parcela poblacional, bajo la referencia de la defensa de los derechos centrados en los principios de protección y tutela, se presentaban insuficientes. Demandaban no solo la ampliación de la noción de juventud, sino también la distinción de los diferentes segmentos de la misma categoría, a fines de reflexionar y promover posibilidades de intervención en las cuestiones vinculadas a las dificultades singulares de cada segmento que la compone, dado su carácter ampliado. Fomentar esta distinción impulsa el avance, ya que esta postura "tiene implicaciones no solo para la fundamentación de las políticas de juventud, sino también para la delimitación y el carácter de la oferta programática que pueden brindar los países a estos sectores" (Krauskopf & Mora, véase CEPAL, 2000).

Por otro lado, Szulik & Kuasñosky (2008) cuestionan el interés hacia los jóvenes, proponiendo la idea de que su transformación en objeto de políticas públicas responde más a una situación estructural distinta que los mira como peligro o amenaza social, que a una visión de ellos como sujetos de derechos: "El análisis de la relación Estado-juventud debe ser ubicado en un marco de una nueva morfología social que plantea nuevos conflictos y dilemas de integración en nuestra sociedad" (p. 228).

Para las autoras, es necesario interrogarnos sobre las condiciones histórico-sociales que actuaron en el sentido de convertir al joven en objeto de políticas públicas:

> En los 80 los jóvenes en nuestro país debieron enfrentar la realidad de una sociedad que, al recuperar la democracia, se abría a nuevas posibilidades de participación, nuevas identidades se construían y nuevos proyectos se intentaban construir. Se planteaba la necesidad de que "exista un sentido de reparación por parte del Estado hacia los jóvenes que fueron perseguidos, marginados y muertos" durante la dictadura militar. En los 90, el ajuste y sus consecuencias plantean a la juventud la necesidad de aprender a descifrar y resignificar nuevos códigos de convivencia social que incluyen la posibilidad concreta de su exclusión (Szulik & Kuasñosky, 2008: 229).

De esta manera, no es difícil comprender que las ideas desarrolladas en un tiempo determinado y referidas a categorías sociales distintas responden desde el interior de los procesos, desvelando las tensiones que marcan el desarrollo del transcurso de la historia. Este movimiento se da por la vía de la necesidad de establecer rupturas con

las representaciones hasta entonces vistas como dominantes, ya que no responden más a la realidad social. Así,
reforzamos la idea de que la juventud contemporánea,
como producto de construcción social, se hace desvelar
por la vía de algunas premisas engendradas por las ideas
dominantes de este tiempo.

A pesar de las importantes contribuciones de distintos
sectores sociales sobre la temática, la juventud sigue siendo
en el imaginario social el signo del desorden, de las crisis,
de la tormenta y de la incertidumbre. Así se mantiene la
metáfora de estos tiempos líquidos. De esta representación
trataremos a continuación.

3.3 La juventud como metáfora

Es ampliamente discutida la idea a partir de la cual
se hace referencia a la juventud como un período de crisis
donde –según el imaginario social– existe una incapacidad,
aunque momentánea, de hacer discriminaciones y reflexionar de manera efectiva a fines de construir una forma
coherente de actuación en el mundo. De esta manera, en
el escenario social, cabe al joven asumir el estigma de la
inseguridad.

Sin embargo, si el joven es elegido como marca de
flotación, la que parece desproveída de coherencia es esa
manifiesta incapacidad de los más diversos sectores de la
cultura de explicar cómo una sociedad igualmente marcada
por la flotación y por la incertidumbre puede "generar"
jóvenes perfectamente centrados, así como de explicar
en qué sectores de la sociedad se observan núcleos de
sujetos ajenos a esta percepción de tormenta, que priman
por las certezas y se mantienen garantizados por sus con-
vicciones. Además, nos cabría también definir qué podría
ser considerado un debido "centramiento" en los tiempos

actuales, tiempos que carecen de estrategias eficaces para luchar contra los vertiginosos cambios de circunstancias que asolan lo cotidiano de todos, sin distinción.

Si aceptamos la idea de que la sociedad contemporánea tiene como característica una dificultad manifiesta para mantenerse en un rumbo específico, así como para asumir una forma que le conceda un mínimo de concretud, tendremos más aportes para comprender el movimiento a partir del cual los logros individuales no se solidifican en bienes duraderos, los activos se convierten en pasivos y las capacidades en discapacidades casi instantáneamente (Bauman, 2007). Por esta vía, no es exagerado afirmar que en la contemporaneidad no hay cómo garantizar una acción o estrategia que posibilite anticipar los eventos, sino solo enfrentar las situaciones cotidianas cuando surgen y demandan una actitud de intervención.

Si hiciéramos aquí una analogía de la contemporaneidad con la juventud relativa a la idea de que ambas podrían representar, de acuerdo con el modelo teórico ya planteado en este trabajo, un "tiempo de comienzos", puesto que en ambas situaciones las personas son "invitadas" a olvidar, borrar, reemplazar gran parte del repertorio hasta entonces utilizado para garantizar espacio para "lo nuevo", no sería poco cuerdo identificar a la juventud como una metáfora de estos tiempos actuales. Lo que no parece inteligible es, a partir de ahí, marcar su carácter de negatividad y desplazamiento como algo específico de una generación o una parcela poblacional.

Margullis (2008) nos invita a ver a la juventud como una categoría social que es depositaria de una sociedad marcada por intensas transformaciones en los códigos de la cultura. Así, al incorporar "con naturalidad los cambios en las costumbres y en las significaciones que fueron objeto de luchas en la generación anterior" (p. 9), los jóvenes nos informan que, distintamente de los adultos, pueden habitar de manera más cómoda y más veloz este tiempo actual, ya que "los adultos suelen experimentar las intensas transformaciones que ocurren actualmente como si fuesen solo una etapa dentro de una secuencia arraigada en el pasado personal en tránsito hacia el futuro" (p. 10). Este futuro, añade el autor, le parece al adulto un tanto incierto, pero él mismo mantiene un deseo secreto de que el equilibrio se restablezca.

Ya los jóvenes, distintamente, "aterrizan en este presente, en él forman su personalidad, construyen su cultura y organizan su mundo perceptivo y sensible, sus valores y ritmos" (Margullis, 2008: 11). El conflicto generacional tal vez se instale en función del hecho de que los jóvenes no comparten el pasado y la memoria del adulto manteniéndose ajenos a "algunas modalidades de organización de la realidad, a sensibilidades, valores y acontecimientos que, en cambio, perduran intensamente en el imaginario de los adultos" (ibídem).

Luego se observa que la vida en una sociedad líquida, así como los jóvenes, no puede detenerse. No puede parar para llorar por sus pérdidas, pues en este tiempo, las pérdidas son vistas de manera muy distinta, ya que predominando la lógica del mercado, la perspectiva sobre las cosas, los eventos y la gente se da de la misma manera en que las personas se relacionan con los productos, donde la rapidez con la que se quedan relegados al desperdicio determina el tiempo de su reemplazo. Así, el imperativo parece ser: hay que desprenderse, ya que nada o nadie puede permitirse durar más que lo debido. De este modo, "la perseverancia, la pegajosidad y la viscosidad de las cosas (tanto las animadas como las inanimadas) constituyen el más siniestro y letal de los peligros" (Bauman, 2007: 11).

Trabajamos hasta aquí con la propuesta de desvelar un modelo de actuación inscripto por las herramientas existentes en la contemporaneidad, y de ahí es posible proponer que a los moldes del tiempo presente, la juventud se conforma prestándose a identificarse como metáfora de los cambios sociales. En este momento se hace necesaria una aclaración: desde la Grecia antigua se podría hablar de la juventud como una camada distinta de personas que se singularizaba y se distinguía de las demás por su condición de transición –entre lo privado y lo público–, aunque se conozca el recorte de género en esta condición ya que solo los varones tenían la posibilidad de acceder a la ciudadanía (Schnapp, 1996). Luego, a lo largo del tiempo se pudieron observar distintas miradas sobre esta franja de la población, que además –es necesario recordarlo más de una vez– solo se consolidó como categoría social por la vía del fenómeno de industrialización.

Aun tomando el recurso de la línea de marcación temporal de la historia, podemos llegar a la idea que propone que la mirada hacia la juventud, identificada como metáfora de las mudanzas sociales, es una idea bastante difundida desde mediados del siglo XIX (Levi & Schmitt, 1996). Pero es en el siglo XX que se observa el movimiento que se encargó de cristalizar la idea de la juventud como el signo del desvío, del problema y del desorden. Es en este momento histórico que la idea de la juventud anudada a una categoría social que por su inquietud se permite ultrapasar los límites existenciales del género humano culturalmente determinados encuentra eco en los discursos dominantes.

Al fin y al cabo, podemos decir que la categoría de juventud, concepción, representación y construcción simbólica de la sociedad, es fabricada para justificar una forma de estar en el mundo, y toma para sí, en esta construcción, los comportamientos, atributos y designios a ella destinados como propios. Expuesto esto, buscaremos desvelar algunos de estos "designios" en la contemporaneidad y sus despliegues.

3.3.1 La condición juvenil como signo de desorden social

Las características que tratan de definir a los jóvenes en la contemporaneidad se ven cargadas por una idea relativa al "exceso": los conflictos y la inquietud engendran una idea de desorden que traspone los límites de lo subjetivo y de lo privado, justificando una demanda de intervención externa de las instituciones sociales. Así, la familia, la escuela, la Iglesia y el Estado se ven invitados a intervenir a fines de restablecer un orden previamente determinado, cuando se observan situaciones distintas a las pactadas socialmente y que "sugieren" tensión y conflicto.

Estos movimientos con vistas a mantener la "normalidad social" fueron trabajados con maestría por Michel Foucault, que al afirmar que la sociedad moderna se encargó de demarcar los procesos disciplinarios hacia la construcción de un proyecto burgués del "buen comportamiento", engendró el concepto de biopoder. De acuerdo con el autor, los procesos disciplinarios sociales trabajaron en el sentido de consolidar un modelo de intervención sobre los cuerpos, y por lo tanto, sobre la vida de los sujetos, siendo la "estatización de lo biológico" –proceso donde la vida biológica y la salud de los sujetos se tornaron blancos de poder e intervención sobre ellos– un mecanismo en cuya base estuvo el disciplinamiento corporal, enfatizando especialmente las nociones de raza, sexualidad y degeneración.

Luego, de acuerdo con el autor, estando históricamente vinculadas a la constitución y al fortalecimiento del Estado nacional y a la afirmación de la burguesía, el dispositivo del disciplinamiento visaba fundamentalmente de lo que se puede llamar "normalización" del sujeto para garantizar el orden social.

La resistencia al aparato estatal a partir de la adopción de una distinta política del cuerpo y de los placeres puede ser atribuida sobre todo a la juventud, que en su lucha por el derecho a la satisfacción de las necesidades y deseos de ámbito individual, se opone de forma categórica a los agenciamientos del biopoder sobre la vida individual, impuestos y articulados por este modelo político de intervención social. Para Arendt (1960/1992c), este movimiento de politización de la vida se presenta como arbitrio, siendo así totalmente antipolítico, ya que en él se desvelaba la condición donde la vida misma pasaba a ocupar el vacío dejado por la descomposición del ámbito público.

En términos históricos, el mecanismo de control social puede ser percibido en el proceso de delineación de la juventud operaria, observada en mediados del siglo XIX, que tenía por estrategias el disciplinamiento, la higienización y la contención de los sujetos a fines de tornar exitosa la realización del aprendizaje para el oficio.

En este contexto se observa un movimiento de resistencia al modelo propuesto –pues todo poder genera resistencia, ya nos enseñaba Foucault–, siendo los jóvenes considerados figuras destacadas en el movimiento operario en la medida en que reivindican un nuevo modelo de enseñanza para el oficio. Este movimiento va a engendrar tanto la creación de las redes de escuelas profesionales como políticas de Estado, como la aparición de legislaciones que se aplican a esta parcela de la población operaria, relativas a la reglamentación del trabajo nocturno y a los grados de insalubridad laboral. Tales políticas se llevan a cabo en función de un paradigma contextual: en este momento, defender a esta categoría social se hace una estrategia hacia el desarrollo económico, ya que el joven representa un modelo privilegiado de capacidad, fuerza y vigor físico y es visto como la figura en potencia para "construir el progreso".

De esta manera, la idea de explorar el mito del vigor de la juventud puede ser percibida en los movimientos de carácter totalitario que se organizaban a mediados del siglo XX, como el nazismo y el fascismo. Passerini (1996) hace un importante recorrido sobre los fenómenos de exploración de dichas características juveniles, como el fervor, la audacia, el entusiasmo y la impulsividad en los citados movimientos, así como en la sociedad americana cuyas estrategias rumbo al progreso tenían al joven como importante agente social.

En las últimas décadas del siglo XX, así como al principio del siglo XXI, los impactantes cambios observados socialmente vienen a reflejarse en una preocupación, de diversos sectores de la cultura, por la juventud vista como signo de los tiempos actuales. Así, los jóvenes pasan a representar una franja de la población para quienes las catástrofes, tanto de ámbito personal cuanto colectivo, parecen incidir de manera más contundente en la forma a partir de la cual estos sujetos lidian con lo cotidiano, así como con la visión de futuro que se delinea en la coyuntura social. Acerca de una juventud denominada como fuente de problemas sociales a lo largo de las décadas, Machado Pais (1990) comenta:

> De hecho, si a fines de los 60 la juventud fuera un "problema" en la medida en que era definida como protagonista de una crisis de valores y de un conflicto de generaciones esencialmente situados en el terreno de los comportamientos éticos y culturales, a partir de los 70, los problemas de empleo y entrada en la vida activa tomaron progresivamente la delantera de los estudios sobre la juventud, que casi se ha transformado en una *categoría económica* (Machado Pais, 1990: 143).

Así, en un tiempo lleno de provisionalidad, ambivalencia e incertidumbre, los jóvenes surgen como un grupo peligroso, productor y reproductor de violencia y desorden. Esta idea se ve reforzada por su condición de exclusión en el mundo del trabajo, por la perspectiva bastante diseminada en el imaginario social de su "exceso de tiempo libre", por la fragilidad de los vínculos familiares observados en la contemporaneidad, así como también por el hecho de ser blancos preferenciales de los medios masivos, que los describen con frecuencia y hasta los "espectacularizan" como sujetos sin límites en el uso de la violencia, cuyos comportamientos, en gran parte, son responsables de las crecientes estadísticas de violencia urbana.

De esta forma, los jóvenes, por su trayectoria de inmersión en la realidad vivenciada, pueden ser también observados como figuras ordinarias que pronuncian el desorden. Balandier (2003) afirma que las mujeres, los inmigrantes y los hijos más jóvenes son las figuras que personifican la idea de desorden social, afirmando que las dudas que encarnan estas figuras dan la tonalidad a todos los otros problemas de orden social. Estos "problemas" de las figuras ordinarias de desorden, a las cuales agregamos a los jóvenes por deslizamiento, en un contexto específico, se someten a los proyectos de intervención, a reflexiones y especulaciones acerca de esta categoría, dada como minoría social. En relación con la categoría juventud, más específicamente, se puede observar el despliegue de un nuevo campo de estudios inscripto en las ciencias sociales –el campo de la sociología de la juventud–, que desde finales de los años cincuenta trabaja en el sentido de reconocer a la juventud como fenómeno social, luchando por el rescate de sus formas particulares de expresión, articulación y organización.

Además, Balandier (*op. cit.*) afirma que en cuanto a las figuras ordinarias en el sistema social, por la visión de las sociedades tradicionales, la idea de subordinación y perjuicio predomina en la contemporaneidad. Prueba de esta afirmación es la cantidad de estudios que enfocan las cuestiones de género, raza y pobreza, así como también acerca de determinadas parcelas de la población consideradas "minorías". Expuesto esto, retomamos al autor:

El desorden, el caos no están solamente situados, están representados: con la topología imaginaria, simbólica, se asocia un conjunto de figuras que manifiesta su acción en el interior mismo del espacio civilizado. Son figuras ordinarias en el sentido de que se encuentran trivialmente presentes en la sociedad, pero están en situación de ambivalencia por lo que se dice de ellas y lo que ellas designan. Ellas son lo otro, complementario y subordinado, objeto de desconfianza y temor a causa de su diferencia y su condición inferior, motivo de sospecha y generalmente víctima de la acusación. Ocupan la periferia del campo social en el sistema de las representaciones colectivas dominantes, a menudo en contradicción con su condición real y el reconocimiento de hecho de su función (Balandier, 1997: 96).

Así, por la vía de los intensos cambios observados en la contemporaneidad que hablan de la insuficiencia de las instituciones que deberían asegurar la integración social, el proceso de socialización se ve relegado a las relaciones constituidas en la horizontalidad. De este modo, el joven como tributario de tan intensas alteraciones en la sociedad global, las asimila y refuerza hasta tal punto su deseo de autonomía que la relación con el adulto, debilitada por una serie de circunstancias y variables que atienen a los dos puntos de esta cadena, se hace casi imposible. Podríamos decir que la constante tensión en la relación con el adulto, en mayor o menor grado, refleja el hecho del desgaste de su rol ante ello. Esa insuficiencia se puede observar tanto por la debilidad del adulto ante su función, como por la debilidad de los lazos, y es engendrada por la infinitud de intervenciones del medio externo que inciden sobre el joven fragilizando las referencias de cuño tradicional, que de alguna manera, han producido algún rasgo en su subjetividad.

Luego, el fenómeno de aislamiento del joven de los códigos sociales, así como de sus normas y valores, puede llevar a la conformación de grupos que se caracterizan por la tesitura de una identidad común, donde la predominancia de una comunicación de carácter inter e intragrupal refuerza esa identidad específica determinada a partir de leyes, reglas y normas propias. Son los códigos tribales los que demarcan a sus miembros, revelando gustos musicales (Britto García, 1996; Soares & Bill, 2005); indumentaria (Abramo, 1994; Feixa, 1998); lenguaje (Le Breton, 2004; Elbaum, 2008); marcaciones corporales (Duschatzky & Correa, 2003; Osorio, 2006); y prácticas delictivas (Bellof, 2001; Silva & Gueresi, 2003), así como desvelando una nueva forma de vivir y disfrutar lo cotidiano.

De esta manera, lejos de representar un epifenómeno del orden de una elección particular relativa a un estilo de vida marginal, los fenómenos de marginalización juvenil deben ser observados en su contexto, buscando desvelar las condiciones a partir de las cuales se ve inmerso el joven, y desde ahí, no solo responsabilizarlo a él, sino también a los actores sociales que terminaron por fallar en la construcción de su proceso de socialización. Hay que cuestionarse si la marginalidad todavía no es una pieza de un juego donde las reglas basadas en la desigualdad, justificada en función del orden social vigente, obstaculiza el acceso a los bienes simbólicos.

Acerca de los colectivos juveniles distintos que se organizan por la vía de una identidad, una subcultura, cuyos códigos de conducta son un tanto distintos de los socialmente aceptados, trataremos a continuación.

3.3.2 La representación de edad como indicador de peligrosidad

Los estudios sobre la temática de la juventud, a lo largo del siglo XX, tal como hemos tratado hasta aquí, reflejan el desarrollo de distintas escuelas y corrientes en el campo de las ciencias sociales, que además de alcanzar distintos grados de notoriedad, se proponen abordarla bajo dos tendencias: una más genérica que toma a la juventud por la vía de una intersección entre el proceso histórico y el ciclo vital individual, y donde la dinámica generacional aparece con un gran peso en los estudios. También se incluyen bajo esta propuesta los estudios que tratan de la intersección entre joven y cultura, donde los trabajos de Talcott Parsons se muestran como importantes aportes de esta corriente.

La otra tendencia que trata la temática de la juventud bajo un abordaje sociológico pone acento en el carácter más diversificado de esta categoría social, intentando comprenderla en su singularidad y poniendo atención en la formación de subculturas y sus distintas formas de (auto) identificación, así como también en los grupos que se componen bajo el desvío, sustentando el carácter marginal de su identidad y sus deslizamientos. Es en este terreno que ganan visibilidad los estudios acerca de las *gangs* urbanas estadounidenses llevados a cabo por la *Escuela de Chicago*, que en el campo de la sociología se destacaron por desarrollar novedosos trabajos de carácter etnográfico sobre la cartografía de la marginalidad (tomada aquí como los grupos que se ubican en los márgenes, los bordes sociales) de los grandes centros urbanos. La Escuela de Chicago también presentó importantes aportes en el campo de la arquitectura y de la economía, pero por una cuestión de delimitación del campo que más fuertemente se aplica a la discusión sobre las subculturas juveniles, trabajaremos solo su contribución en el campo sociológico.

La Escuela sociológica de Chicago surgió en la primera década del sigo XX, y se tornó notable por la producción de un vasto conjunto de estudios e investigaciones sociales relativos a los fenómenos urbanos, teniendo como importantes referenciales a los catedráticos Robert Park, Ernest Burgess, William Thomas, seguidos por Everett Hughes, Frederick Thrasher y Louis Wirth.

Los estudios llevados a cabo por los investigadores de esta escuela presentaron tan importantes aportes a este campo de investigación que terminaron por generar un campo específico de investigación sociológica denominado *Sociología Urbana,* cuyas contribuciones estimularon la elaboración de nuevas categorías relativas a la temática de la marginalidad –denominada por los investigadores de esta escuela de "patología social"–, así como de distintos procedimientos metodológicos para la investigación en este campo específico. Sus teorías más conocidas son la teoría de la Ecología Urbana, que se ocupó de investigar las variables etnográficas, el medio social y el comportamiento desviante, y la Teoría de las Zonas Concéntricas, que al recortar la ciudad de Chicago en zonas, proponía la idea de que las áreas urbanas, más allá de detentar características propias, distintas de las demás, se caracterizaban por su movilidad y su capacidad de "adaptarse" al contexto socioeconómico.

De acuerdo con el último estudio citado, los espacios urbanos crecerían por la vía del modelo de los círculos concéntricos, cuya expansión se daría bajo las variables de diferenciación, competición, sucesión y segregación. De esta manera, los espacios urbanos, más allá de representar el espacio físico de una ciudad, encarnarían un conjunto de costumbres, actitudes y sentidos que vendrían a intervenir tanto en su representación estética como en sus distintas formas de simbolización.

Es necesario recordar que el surgimiento de la Escuela de Chicago es tributario del fenómeno de acelerado desarrollo industrial sufrido por las metrópolis del Medio Oeste americano, hecho que promovió cambios en las sociedades urbanas de aquella región relativos a la identificación de un fuerte crecimiento de la delincuencia juvenil, dadas las condiciones de pobreza e insalubridad de las poblaciones de las comunidades segregadas. De ahí el advenimiento de

las *gangs* urbanas, comprendido como fenómeno resultante
de una confluencia de factores sociopolíticos y económicos,
producto de las consecuencias del proceso de urbanización
desordenada. Los estudios de la referida escuela, con fuerte
influencia de las corrientes teóricas del formalismo y del
pragmatismo, pueden ser identificados observando dos de
sus más importantes fases: la primera, cuyos estudios van
hasta inicios de la década del cuarenta, donde los trabajos
sobre la relación entre la organización del espacio y la
criminalidad se tornaron reconocidos mundialmente; y la
segunda, que se destacó por estudios desarrollados entre
1945 y 1960, y cuyo enfoque se da en lo que denominan
"criminología radical", donde se evidencia su proximidad
al materialismo histórico.

Podemos decir que el principal aporte de la sociología urbana desarrollado por la Escuela de Chicago es
el recorte que privilegia los aspectos socioeconómicos e
histórico-culturales en relación con los individuales en el
desvelamiento de los factores generadores de las prácticas
delictuosas. Pues al considerar a esas prácticas como un
fenómeno mayoritariamente socioambiental, enfoca, más
allá del sujeto, las condiciones externas a él, evidenciando
al contexto como importante variable.

Una interesante conclusión del estudio relativo a las
zonas concéntricas de Chicago es la constatación de que el
deterioro del espacio físico es un factor preponderante para
la realización de actos de carácter delictivo. Luego, siendo
las infracciones penales una respuesta a la degradación
del medio físico y social, la intervención en el sentido de
la "erradicación del desvío" debería darse por la vía de
políticas públicas, tanto de carácter preventivo como relativos a una acción de reordenación social, donde, según
los estudiosos, las instituciones locales (escuela, iglesia u
otras) deberían asumir el control social de las áreas más
precarias:

Lo que sería una manera de crear vínculos positivos entre la gente a partir de la infancia, en una tentativa de llenar el espacio formador que antes era ocupado por la familia, pues las condiciones de vida urbana hicieran que muchos hogares fuesen transformados en poco más de meros dormitorios (Park, véase Freitas, 2002: 87).

No obstante las críticas a esa importante escuela sociológica, que entre otras cosas, es acusada de propagar una idea unificada acerca del fenómeno de la criminalidad urbana, incitando al desarrollo de nociones contradictorias relativas a la génesis social del delito, como también sobre la categorización de la expresión "desorden social", la Escuela de Chicago es un importante referente en los estudios y las investigaciones en el campo de la criminología. Todavía hoy influye en concepciones teóricas, y sus aportes son ampliamente utilizados y explorados en estudios de todo el mundo occidental.

Luego, es en la tradición de los estudios de la escuela de Chicago sobre la temática de la criminología urbana que se desarrolla gran parte de los estudios que entienden e interpretan la cuestión de la delincuencia juvenil como una estrategia de contracultura, de rechazo a los valores hegemónicos impuestos, sea por los medios masivos de comunicación, sea por las instituciones a las cuales estos jóvenes, de alguna manera, ven impresa su pertenencia.

Volviendo al hilo de la historia, podemos decir que las décadas de 1960 y 1970, en el mundo occidental, enfocaron al joven como protagonista de una serie de movimientos de carácter colectivo. Esas tendencias representaban una posición política frente al mundo: desde los movimientos universitarios que surgieron en diversos países de América Latina y que tenían como ícono al mayo de 1968 en Francia, hasta el movimiento contracultural *hippie* cuya tríada sexo, drogas y *rock and roll* se prestó por décadas a representar una identidad juvenil bajo la idea de derrumbe del estilo de vida convencional burgués, siendo esta imagen, de carácter contestatario, ampliamente diseminada por la industria cultural.

La búsqueda por un cierto consenso sobre la categoría de juventud, donde se intentaba rescatar elementos comunes o un lenguaje común a los distintos grupos juveniles, se dio por la constatación, de gran parte de los investigadores, de la existencia de una ética alternativa de actuación frente al mundo, que sirvió de base para los estudios alrededor de las subculturas juveniles.

Los años ochenta y noventa, como ya se trató aquí, se ocuparon, más allá de estas directrices, de trabajar hacia el reconocimiento del joven como sujeto de derechos, tendencia que dominó la agenda de los investigadores sociales, por las inequívocas pruebas de realidad relativas a las condiciones de riesgo de gran parte de la población juvenil. Esa población fue identificada como en situación de vulnerabilidad, dada la profundización de la crisis económico-social mundial y la continua caída de los indicadores sociales de calidad de vida de gran parte de la población de los países emergentes.

Luego, la agudización de la desigualdad social excluye de bienes y servicios a una considerable parcela de la población joven, que expuesta a los límites del riesgo, inseguridad y degradación se presta al comercio, así como también al consumo ilegal de drogas, a la violencia y a la prostitución. Así, al considerar que la desigualdad social es un fenómeno inevitable, la miserabilidad es incorporada a lo cotidiano de las sociedades contemporáneas de manera naturalizada, siendo las políticas de control social que actúan principalmente por el dispositivo represivo las más adoptadas como mecanismo de seguridad pública, con vistas a promover la regulación social.

Por esta lógica –aquí confirmamos nuestra elección consciente de mirar el fenómeno da la violencia juvenil y sus atravesamientos por esta perspectiva–, el recorte de análisis que referencia una juventud excluida del mundo del trabajo y relegada a los espacios que reflejan las más perversas formas de exclusión cumple los requisitos relativos a la comprensión dialéctica de las condiciones a partir de las cuales se engendra una representación del "ser joven" en contextos marcados por un modelo excluyente de ciudadanía y que promueve, por las condiciones que produce, la reafirmación de los ya demarcados lugares de esos sujetos en la dinámica social.

Szulic & Kuasñosky (2008) desarrollaron una investigación teniendo como base toda una complejidad de cuestiones relacionadas a la manera a partir de la cual un grupo de jóvenes de sectores populares urbanos construye su identidad y la representación de la vivencia de los aspectos que tiñen su universo de "fragmentación, atomización, violencia y muerte", un contexto donde falla el contrato social y "prima la ley del más fuerte". Las autoras, al intentar indagar algunos aspectos que conforman el universo simbólico de un grupo de jóvenes con edades comprendidas entre 18 y 23 años, ubicados en un barrio del sur del Gran Buenos Aires, denominado "la barra de la esquina", concluyeron:

> La exclusión social se expresa y se manifiesta de diferentes maneras; sin embargo, la particular situación de estos jóvenes plantea la necesidad de pensar su exclusión como muerte social. Esta muerte-exclusión pasa a ser una muerte-destierro, en tanto que ellos están privados de sus derechos y funciones y más de una vez padecen de una degradación pública [...]. Su experiencia de lo social, su forma de interactuar, hablan de un modo de ser joven caracterizado por la creencia en la inmediatez del presente, que siempre es evanescente. Vivir el hoy implica vivir sin proyectos, "a la deriva", sin pautas prefijadas. [...] En este momento, sus vidas no tienen retorno (Kuasñosky & Szulic, 2008: 65-67).

Buscar analizar los mecanismos sociales que promueven, por acción u omisión, el interdicto del joven en su acceso a las oportunidades de goce de los bienes simbólicos relativos a la recreación, a los bienes culturales, a una escuela de comprobada calidad pedagógica (el discurso de la "escuela para todos" es una media verdad) y al trabajo, demanda una mirada que, más allá de identificar los factores biopsíquicos de este sujeto, intenta comprender el entorno que incide sobre él haciendo que viva su condición de manera distinta.

De esta manera, creemos que representar la edad como indicador de peligrosidad es una forma socialmente articulada, a través de un discurso de verdad, de crear un interdicto a una camada poblacional marginada por sus escasos capitales relativos a su capacidad de intervención en las reglas del juego social.

3.3.3 Las distintas formas de vivenciar la juventud bajo cuestiones de clase y género

Siendo la juventud una condición social dotada de tipos específicos de representación, los modos de vivencia de lo que se puede considerar una "condición juvenil" van a diferir bajo distintas variables, entre ellas destacamos las condiciones de clase y género. Además, sabemos que variables como etnicidad, religión, origen estatal y pertenencia atraviesan esta discusión.

Por esta vía de reflexión, la diversidad de vivencias, experiencias y posibilidades experimentadas bajo estas variables va a incidir en la construcción de identidades, que más allá de representar una forma de identificación y reconocimiento, expone desde el interior, los límites y las tensiones a las cuales los jóvenes se ven expuestos en su condición singular. Luego, tratándose de construcción de identidades, los límites y las tensiones del ambiente en que viven y el modo de relación con el espacio público y con las instituciones a las cuales están, de alguna manera, agregados, van a influenciar sobremanera en la construcción de la biografía personal de estos jóvenes.

Por lo tanto, la idea inicial que aquí se plantea es que las condiciones de orden social, económico y cultural intervienen tanto en las maneras de ser joven como en los modelos que regulan y legitiman la condición juvenil. De este modo, se configura una repetición, pero no es exagerado afirmar que cada época y cada sector social postulan formas específicas de ser joven a partir de determinaciones singulares dictadas por la coyuntura.

Sobre las condiciones de vivencia de la condición juvenil en la modernidad tardía mucho se ha producido (Pérez Islas & Valdez, 2003; Saintout, 2005; Margullis & Urresti, 2008). Una de las importantes contribuciones de Margullis & Urresti (2008) es la siguiente: al tratar de las tajantes condiciones relativas a la desigualdad social a la cual se ve sumergida parte de la población joven latinoamericana, proponen la noción de *moratoria* (fenómeno que incide sobre los jóvenes de las clases populares en la lógica de la sociedad de consumo), que viene a designar para esta camada poblacional reglas distintas en el juego social. Entre los designios impuestos está el de "ingresar tempranamente al mundo del trabajo –a trabajos más duros y menos atractivos–", así como "contraer a menor edad obligaciones familiares" (p. 17).

Bajo estas constataciones, los jóvenes de las clases populares se encuentran, de acuerdo con los autores, en la condición de "moratoria social", ya que les fueron usurpados el tiempo y el capital económico a fines de que pudieran disfrutar de los signos sociales relativos a esta franja de edad, que son representados fundamentalmente por el derecho de tener un contexto social protector, por la oportunidad de estudiar (y de elegir a una escuela de comprobada calidad), de disfrutar de su tiempo libre, así como de realizar su ingreso a las responsabilidades de la vida adulta en el debido tiempo. Un tiempo que también debe tener en cuenta el ritmo y la cadencia de orden individual y particular que presenta cada joven, ya que como vimos en el capítulo uno, hay distintas representaciones sobre el tiempo, pues viene a ser un "medio de orientación e instrumento de regulación humanas" (Elias, 1998: 132).

También responden a las distintas acepciones de clase las maneras de calificar y justificar los comportamientos de orden afectivo-sexual juvenil, ya que cada grupo social dispone de reglas específicas para evaluar y clasificar los comportamientos de sus miembros, dado el valor simbólico que disponen. Así, los marcadores sociales de clase también definen espacios de sociabilidad y modelos de comportamiento, que a menudo obedecen a una distinción de género.

De acuerdo con los datos recolectados en una investigación sobre el contexto de juventud y embarazo con jóvenes brasileñas de la ciudad de Pelotas, Gonçalves & Knaut (2006) concluyeron que el contexto sociocultural "es el factor más preponderante" en la construcción de sentidos y concepciones acerca del embarazo juvenil. De acuerdo con las autoras, al retomar la distinción por camadas sociales, se puede observar que en las clases populares "el embarazo en la juventud / adolescencia es más visible y, a veces, parece menos angustiante para estas familias que para las de camada media-alta" (p. 42).

También, de acuerdo con esta investigación, las tensiones relativas a los proyectos de vida de las jóvenes de clases populares están marcadas por el descrédito depositado en el presupuesto vinculado con la escolarización como medio tanto de ascensión social, como de acceso al mercado de trabajo formal. De acuerdo con las autoras, parte de la descreencia de las jóvenes entrevistadas puede ser explicada por "las huelgas, los malos profesores, la pésima estructura escolar", así como también por los ejemplos recogidos en la comunidad. Así, excluidas del acceso a una escuela de calidad y del mercado laboral estable, el embarazo vendría a configurar una forma de ingreso en la vida adulta para las jóvenes investigadas. De esta manera también las autoras concluyen que la tensión entre prolongar la juventud o acceder a la pretendida autonomía alcanzada por el ingreso en la vida adulta se ve sobremanera atravesada por el contexto social, económico y cultural en el cual estas jóvenes están inmersas.

Teniendo por objetivo realizar un análisis sobre las distintas miradas y experiencias de un grupo de jóvenes de un barrio periférico de la ciudad de Río de Janeiro, Pinho (2006) propone una reflexión sobre las prácticas y representaciones de etnia y género atravesadas por la condición de clase, y concluye que las discriminaciones sufridas por ellos son engendradas por el prejuicio relativo al contexto social vivenciado por los jóvenes de clases populares. Luego, las características de "pobreza y subciudadanía" –que terminan por implicar un modelo reproductor del orden social desigual– son apuntadas por los jóvenes como obstáculo a la circulación en los espacios urbanos, y vivenciadas por ellos en un contexto de sufrimiento e indignación.

Siguiendo el camino de los estudios de cuño etnográfico, Fleury (2007), en una investigación acerca de los procesos de construcción de identidades urbanas de un grupo de jóvenes de la ciudad de Niteroi, denominado "Dançarinos de Rua" e identificados con la cultura *hip hop*, concluyó, a través de la observación y de la escucha de los discursos de los jóvenes, cuya edad giraba alrededor de 18 y 24 años, que las actividades desarrolladas por ellos podrían ser definidas como prácticas culturales que combinaban simultáneamente distintas propuestas. Entre ellas, cabe mencionar la búsqueda de prestigio social y visibilidad, por la vía de la inserción en el mundo del trabajo artístico-cultural, a fines de garantizar su supervivencia económica.

Teniendo por escenario un tiempo marcado por crisis en los ámbitos económico, político, cultural y social, los jóvenes, en lucha contra el "fenómeno de desterritorialización", intentaban construir sus propios espacios de manifestación e intervención en el escenario urbano, posibilitado por la organización de un agrupamiento. El *rap* y al *hip hop*, a su vez, contribuyen en la consolidación de una identidad singular del grupo, denunciando el contexto de precariedad social al cual es sometido el joven de las periferias de los grandes centros urbanos. Así, en el plan de la constitución de la subjetividad, la participación política se da por medio de la creación de músicas de protesta o de denuncia de una condición social perversa.

De este modo, la experiencia de producción colectiva vivenciada por los jóvenes investigados permitió, según la autora, "la superación de la alienación" a los parcos y dudosos trabajos ofrecidos en el mercado laboral, así como la posibilidad de construcción de un proyecto de vida colectivo alrededor de la danza.

Acerca del fenómeno de la violencia como actividad y entorno, Yunes & Zubarew (1999) desarrollan una investigación sobre las tendencias de mortalidad por causas externas, tales como homicidios, suicidios y accidentes de tráfico en dieciséis países de la región de las Américas entre los años ochenta y noventa. Identifican a Colombia y Brasil como los países que presentaron tasas de mortalidad con franca ascendencia en este período, siendo los países con mayores tasas de mortalidad entre adolescentes y jóvenes –más allá de los dos ya citados– El Salvador, Venezuela y Puerto Rico. Los autores afirman también, bajo el análisis de los datos empíricos, que entre todas las causas, las muertes por homicidio presentan un ascenso progresivo en todos los grupos estudiados, cualesquiera sean: Argentina, Colombia, Puerto Rico, Trinidad y Tobago, Uruguay, Panamá, EE.UU., Venezuela, Ecuador y Brasil. Los resultados de este análisis revelan que la violencia y sus manifestaciones son un problema creciente en la región de las Américas, que afecta principalmente a los jóvenes del sexo masculino, aunque "el cociente hombre / mujer sea muy variable y aumente en la medida que aumenta la tasa de homicidios" (p. 12). Más allá de que este estudio asuma un carácter eminentemente descriptivo, apunta a la violencia como un fenómeno endémico, demandando intervenciones en el campo de la salud pública.

En una revisión documental sobre las intervenciones exitosas en la prevención de la violencia, Guerrero (2008) informa que las muertes que diezman al 31,6% de la población joven de las Américas se dan por causas violentas. Así, siendo considerado un fenómeno epidemiológico, la violencia se tornó una cuestión de salud pública –de acuerdo con Yunes & Zubarew– y demanda una intervención estatal a partir de la implementación de políticas, ya que si bien se ha identificado su multicausalidad, es engendrada principalmente por el incremento de los indicadores de la desigualdad social.

Luego, para los autores, es necesario identificar e intervenir en los factores generadores del fenómeno, analizando con agudeza cada uno de los componentes de la red causal; entre ellos, "la deserción escolar temprana, el desempleo y la falta de ingresos, las conductas sexuales de riesgo, el consumo de alcohol y otras sustancias", así como también el impacto de la vivencia en un entorno de inseguridad y violencia, que a menudo se presenta en el interior de la familia, como en los casos en los cuales una o más personas del hogar están involucradas en actividades de naturaleza criminal.

En este breve recorrido, intentamos presentar, por la vía de investigaciones desarrolladas con una puntual aproximación al campo de la juventud, que las cuestiones relativas a las variables de clase y género –con distintos atravesamientos– tienen un fuerte impacto en la vivencia de la condición juvenil. De esta manera, la diversidad de construcciones de las trayectorias juveniles, relativas tanto a la vivencia de su condición como a la edificación de proyectos de vida, obedece a un espiral de complejidad donde las circunstancias sociales del ámbito concreto y material, así como las organizaciones alrededor de las condiciones de género y etnia, influyen sobremanera en las formas de representación de los sentidos y de los significados relativos al "ser joven".

3.4 Juventud e institución: la escuela y sus nuevas representaciones en tiempos líquidos

Pensamos que la contemporaneidad, por el derrumbe de valores de carácter tradicional que ha producido, se encargó también de descalificar los temas relativos a las instituciones educativas trabajando en dos frentes: en el primero, por relegar los temas educativos al campo de los "expertos", y así desplazar los debates y las discusiones sobre esta temática a un espacio externo a la escuela; en el segundo, por proponer que se mantengan las discusiones relativas al campo educativo en el ámbito estricto de la escuela, reduciéndolas a los conflictos de intereses observados en su interior.

Por la vía de esta mirada, los "problemas" escolares no deberían ser parte de la agenda social, sino relegarse a su campo específico de actuación. De ahí que sea posible observar el fenómeno de que la cuestión educativa se transformó en un asunto de orden técnico o administrativo. La teoría social, en una visión de carácter histórico, como un recorte relativo a la actualidad, ha ofrecido distintas respuestas asociadas con el papel de la escuela en el vínculo sociedad-educación (Filmus, 2001). Por otro lado, la tensión entre homogeneización y heterogeneización ha constituido uno de los ejes principales de las investigaciones sociológicas en la actualidad, siendo las interpretaciones, desde estas distintas miradas, escenario de disputas en el interior del campo educativo sobre la relación entre el sistema educativo y la estructura social.

Uno de los temas que atraviesan el eje de las discusiones sobre la función social de la institución escolar debe responder a una de las cuestiones fuertemente planteadas en la contemporaneidad: la que afirma que escuela ha perdido de manera paulatina su valor social, en gran parte en función de los discursos vigentes que hablan de un "débil" impacto de las instituciones educativas en la producción de cambios en la sociedad contemporánea, o incluso que presentan a la escuela como un espacio que trabaja en la consolidación y en la acentuación de las desigualdades sociales.

Álvarez-Uría (1999), al discutir los cambios en el interior del sistema educativo en América Latina dados por sus conexiones con el sistema productivo, comenta que "bajo la ficción de la unidad y de la igualdad" se ocultan en la escuela distintas redes de socialización, que al asumir el modelo de enseñanza del sistema contribuyen a producir y reproducir el orden social vigente, y "la escuela pública, tal como fue diseñada por los poderosos, se ha instituido en baluarte de mantenimiento de este orden" (p. 87). El autor informa que durante los años sesenta y setenta, el enfoque estaba en la cuestión de la organización y el funcionamiento de las instituciones educativas en términos de su función social, ya que la integración de gran parte de la población mundial a las herramientas del capitalismo de consumo era vista como un fenómeno irreversible.

Así, el cambio de la escuela contribuiría al cambio social, "un cambio vertebrado en torno a la clase obrera organizada" (ibídem), y que tenía como bandera la lucha por la emancipación como mecanismo para "neutralizar una serie de poderes que se engarzaban, dando lugar a estrategias más globales, a nuevas formas de dominación" (p. 88). De esta manera, los años ochenta y noventa, con el incremento del neoliberalismo y de los mecanismos de desregulación del mercado de trabajo, promovieron "el desmantelamiento del viejo tejido industrial", y trabajaron por agigantar el ámbito de la vulnerabilidad laboral y social, "el perímetro de la fragilidad" (ibídem). Luego, la escuela es convocada a asumir un nuevo rol social: el de ser un antídoto contra los efectos del fenómeno creciente de pobreza y marginación. Así, "el éxito escolar es percibido como la mayor garantía contra el desarraigo" (ibídem), y a la escuela cabe más ser un paraguas ante la lluvia de degradación social, que un espacio en constante consolidación relativo a los campos del saber.

Además de la idea de la educación como fuente de desarrollo económico y producción de riquezas por la vía de la construcción de un tipo específico de "capital humano", es muy claro el desprecio por las instituciones educativas observado en América Latina. De acuerdo con Gaviria & Peña, las dificultades sociales del ejercicio de la transmisión cultural están íntimamente ligadas al proceso de degeneración de las estructuras encargadas de engendrar el vínculo social observado en la contemporaneidad:

> En la modernidad tardía, las estructuras de acogida encargadas de generar el vínculo social (principalmente la escuela y la familia) entran en crisis dado su desacoplamiento con las realidades históricas existentes [...]. La no actualización histórica de estas estructuras de acogida repercute en la transmisión cultural de la modernidad en cuanto deslegitimación de las "fronteras de la escuela y de la familia",

y con ellos, la pérdida del cobijo simbólico de la sugestión moderna de autorreferencia y discontinuidad con la tradición (Gaviria & Peña, 2005: 371).

Las escuelas de carácter privado, por disponer de un más alto grado de autonomía en lo que concierne a sus reglas, normas y estatutos específicos, pueden elegir tanto su clientela como su material humano, así como las herramientas puntuales para su ramo de actuación. Estos parecen ser aspectos que si no amplían sus posibilidades, al menos viabilizan su existencia en el sentido de mantener posible un modelo elegido de organización. Las escuelas de carácter público, sujetas a una infinidad de reglas externas determinadas por los operadores del Estado, luchan en diversos frentes: en función de los parcos recursos dispensados; de la precarización de su estructura física; con la imposibilidad de sostener reglas propias, y hasta con la descalificación de sus pares.

Respecto a una investigación acerca de las dimensiones de la segmentación educativa en nivel medio en Argentina, Filmus (*op. cit.*) informa que es posible confirmar la existencia de distintos circuitos educativos, siendo que "cada uno de ellos convoca a estudiantes que provienen de familias de distinto origen socioeconómico y que desarrollan trayectorias educativas también diferenciadas" (p. 114). Luego afirman que "detrás de la aparente homogeneidad que implica la culminación de un mismo nivel educativo y la posesión de un certificado de validez similar, se esconden trayectorias educativas sumamente diferenciadas" (p. 128).

En este sentido también va el estudio llevado a cabo en 2007 por la Organización para Cooperación y Desarrollo Económico (OCDE), que investigando veintitrés países, entre ellos Francia, Italia, Japón, Alemania y Chile, muestra que Brasil figura en octavo lugar en cuanto a faltas y atrasos de los docentes. Los resultados muestran que el 32% de los profesores brasileños trabajan en escuelas cuyos directores reclaman constantes faltas, pero ofrecen un dato al menos raro: informan que el 60,2% de los directores reconocen la falta de recursos humanos en las más diversas áreas de la escuela, pero consideran que la mayor dificultad de las instituciones educativas son "las confusiones creadas por los alumnos". Este dato demuestra la dificultad de los directivos brasileños en encontrar un punto a partir del cual la relación con los estudiantes pueda fluir de manera más directa, honesta y desarmada, y esto es un problema que también influye grandemente en lo cotidiano escolar.

Así, delante de obstáculos de distintos órdenes, la escuela se ve cuestionada en cuanto al desempeño de su principal rol: la transmisión de los contenidos considerados socialmente necesarios para la formación integral de los sujetos. Una formación que por un lado, no contempla los contenidos de carácter filosófico relativos a los principios éticos concernientes a la construcción de un concepto de ciudadanía que examine la vivencia de valores y principios que posibiliten su amplio reconocimiento; y por el otro, desde un recorte estructural funcionalista, no prepara a los alumnos para responder a los requerimientos técnicos de las instituciones modernas.

Ante tantos desafíos, la escuela aún enfrenta cuestiones relativas a lo que podríamos llamar "soluciones del orden del pensamiento mágico": en tiempos donde el estatuto del saber de cuño tradicional ha perdido sentido, y delante de la pérdida de valor simbólico atribuido a las instituciones escolares, surge el tema de la "motivación" como herramienta capaz no solo de rehabilitar los contenidos, sino también de mantener al alumno en el espacio escolar. En este campo reinan las "nuevas tecnologías" educacionales, instrumento que además de comprobar la falencia de las metanarrativas, se hace reconocer como "expansor" de las habilidades adquiridas por la vía de un

modelo de educación tradicional. Narodowski (2005) nos
propone pensar el fenómeno del cambio de postura ante el
conocimiento observado en niños y jóvenes en la actualidad
por la vía de otro fenómeno: el de la hiperrealización que
termina por borrar los aspectos relacionados al modelo
construido en la Modernidad.

> El polo de la hiperrealización supone niños y adolescentes
> que ya no son obedientes dependientes y heterónomos, no
> porque se han convertido en adultos, sino porque tienen
> un tipo de relación con el conocimiento, especialmente
> con este conocimiento que nosotros llamamos "nuevas
> tecnologías", en el que se constituyen socialmente como
> operadores muy eficaces. Son niños que tienen alta *perfor-
> mance* en su relación o interrelación con el saber vinculado
> con la computadora, con las redes de computación, con los
> teléfonos celulares, con la televisión por cable. Niños con
> alto grado de eficacia respecto de esta tecnología, incluso
> con una eficacia mayor "a la que tenemos muchos adultos,
> entre los cuales están sus propios educadores" (p. 239).

Así, en este contexto de crisis generalizado de los procesos jerárquicos y verticales de control, surge un "nuevo"
modelo de educación que prima por la flexibilidad y la
diversificación en la búsqueda de las nuevas tecnologías
de comunicación de masa, de procesamiento de información y de producción de bienes y servicios que componen
la sociedad compleja. Solo se olvida de explicar que a los
países periféricos, o sea, a los países que se mantienen al
margen del proceso de "tecnologización" impuesto al mundo con velocidad alarmante, les cabe la tarea de mantener
sus instituciones bajo los débiles sistemas burocráticos
instalados, símbolos de un tiempo pasado. Es en este escenario que se encuentran los actores sociales del campo
educativo. Bajo el comando (aún) jerarquizado y vertical
de administraciones centrales aisladas del microcosmos
de las clases, trabajan en contramano de la historia. Aquí

se hace importante recordar a Weber, cuando nos informa que la administración burocrática pura, vinculada al expediente, es la forma más racional de ejercer la dominación.

De este modo, al demandarse por la vía de los cambios de realidad una posición de la escuela o de los agentes que actúan de manera representativa, ella se cierra a las contingencias de un mundo complejo y acelerado, y a menudo "su respuesta es inadecuada o (in)eficaz, dejando intactos los sistemas y las estructuras del presente y retirándose a los reconfortantes mitos del pasado" (Hargreaves, 2004: 50). Así, a lo largo del tiempo, la distancia entre el mundo de la escuela y el mundo exterior a ella es cada vez más indiscutible, y "el carácter anacrónico de la escolarización es cada vez más evidente" (ibídem).

De esta manera, con insuficientes recursos físicos, materiales y hasta humanos, las escuelas de gestión pública desarrollan, en general y dentro de lo posible, la tarea hercúlea de mantener un mínimo de autonomía, garantizando aunque de manera débil en términos de cualidad y efectividad la universalidad de su tarea educativa. Esto también es comentado en la investigación de la OCDE, cuando interpreta lo siguiente:

> Las limitaciones de presupuesto también contribuyen para moldear la enseñanza: los salarios de los profesores representan el mayor costo individual en la educación y, como tal, representan una condicionante vital para los legisladores que buscan mantener la calidad de la enseñanza, o hasta para aquellos que buscan la contención de gastos (OCDE, 2007: 8).

Sin embargo, podemos apuntar una cualidad común en ambos moldes institucionales (oficial y privado) de carácter educativo: luchando por mantener su función de formación en un tiempo de constantes cambios, entre las innumerables posibilidades de acceso al saber y a la información, su desafío es –en términos de educación

formal– distinguir los contenidos permanentes, fundamentos de la cultura que responden a los saberes y a las
habilidades que componen los requisitos culturales de
su medio, y que los profesores, por su rol en la tarea educativa, deben por supuesto portar. El desconocimiento,
por parte de los gestores educacionales y profesores, de
estos saberes demandados de su función, de acuerdo con
distintas corrientes educativas (véase Paulo Freire), es una
de las condiciones que terminan por promover la falencia
de las figuras de autoridad en este ámbito, y que podrían
resultar en efectos dañosos.

No obstante algunos ejemplos de éxito, hoy observamos la escuela también como escenario donde eclosionan
los más diversos tipos de violencia. De este modo, las actitudes violentas –en la terminología psicoanalítica, diríamos
"pasaje al acto"– tan comunes en lo cotidiano escolar,
pueden ser identificadas, desde una mirada específica y
no única, como una medida adoptada a fines de remediar
la insuficiencia de un Otro que se presenta como alguien
que se compromete, por el estatuto de su discurso dado a
partir del reconocimiento y la aceptación de su función o
del rol que le impone su condición frente a los más jóvenes,
a manifestarse en favor de la liberación pura y sencilla de
un deseo o una necesidad de carácter individual.

La violencia, entonces, podría ser observada como un
comportamiento del ámbito relacional, y no solo de carácter individual referente a un modelo de comportamiento
"aprendido" fuera del espacio escolar. Con una mirada
similar Dufour (2009) ve el fenómeno de la violencia en
la escuela: "Si muchos jóvenes se ven hoy arrastrados a la
violencia, ello se debe a que el sistema que esos mismos
adultos instauraron no les deja ninguna salida" (p. 161), ya
que la escuela, al trabajar por la vía de una lógica no discur-
siva, produce sujetos aislados de la crítica y de la reflexión
compartida, adoptando un modelo de comportamiento

que aborta la palabra y agrega "la pura relación de fuerza" como modo relacional.

Cabe aquí una aclaración: al intentar agregar el asunto relativo al fenómeno de la violencia en el ámbito escolar, haciendo un deslizamiento de las cuestiones del ámbito cognitivo y del aprendizaje más puntual con el cual hasta aquí trabajamos, buscamos desvelar, también por este recorte, la hipótesis de este trabajo: aquella que habla de una falta producida por una vacante relativa a una postura determinada de los adultos frente a los jóvenes. Así, pensar la adhesión de los jóvenes a la figura de autoridad desde el campo educativo nos permite también identificar dónde, en las instituciones clásicas, la figura del Otro –cuidador, protector y transmisor del discurso que comprende a los principios que conforman la ley– falla, e incluso se pueda, de alguna manera y en algún sentido, vigorizar.

Dufour (*op. cit.*) comenta acerca del derrumbe de la palabra como fenómeno en la contemporaneidad, efecto de la exposición excesiva a los medios masivos de comunicación que obstaculizan el acceso a lo simbólico y a una "cierta integridad psíquica mínima" que se adquiere esencialmente a través del discurso. Sostiene que es a través de él, de esa manera, que se puede transmitir de generación en generación el don de la palabra, o sea, "la aptitud humana de hablar, de tal suerte que la persona a la que alguien se dirige pueda a su vez identificarse en el tiempo (ahora), en el espacio (aquí), como sí mismo (yo), y, a partir de esas referencias, convocar en su discurso al resto del mundo" (Dufour, 2009: 147). Es este "bien humano más precioso", según el autor, el que puede quedar en peligro en el caso de adoptarse las nuevas tecnologías de comunicación, entre ellas la televisión, como medio relacional con el mundo, ya que al no transmitir el don de la palabra, los medios de comunicación masiva ponen en peligro la antropológica construcción simbólica del sujeto, "y ponen trabas al traspaso del legado más precioso, la cultura" (p. 150).

El autor también critica el modelo educacional vigente, que además de luchar contra lo denominado "arcaísmo", integra lo que llama "revolución audiovisual", agregada paralelamente a una determinada "revolución pedagógica", de modo de subvertir el proceso educativo relegándolo "al modelo *talk show* televisivo en el que todos pueden dar su opinión 'democráticamente'" (p. 161). Así se transforma el saber en algo del orden de lo subjetivo, y ya no tiene un estatuto de universalidad.

Desde aquí retomamos a Arendt (1960/1992), cuando nos convoca a pensar sobre el hecho de responsabilización del adulto por los más jóvenes. Tal hecho depende, en gran parte, de su compromiso con la tarea educativa, así como también con una postura que apunta hacia el reconoci-miento de su lugar en el mundo, un lugar que se ubica mediante la afirmación de sí como un ser que co-existe con el medio, siendo por lo tanto también responsable por la actual configuración de su campo, y al fin y al cabo, por la configuración del contexto en el que se encuentra situado. A esta postura de responsabilización, Arendt la denominó *autoridad*.

Así, al tratar la crisis de la educación, los educadores deberían empezar por buscar en cada uno de los actores sociales de la escuela su parcela de responsabilidad, su insuficiente compromiso, atención y cuidado tanto con aquellos que deberían ser los destinatarios de su acción, como con los rumbos que se desvelan en los procesos educacionales que superponen las actividades medio (cuestiones técnico-administrativas) a las actividades fin (relacionadas al saber).

En un período donde las instituciones clásicas, de carácter tradicional, tienen que reinventarse, reduciendo su rol y su función a estrategias de supervivencia, dada la vertiginosa habilidad cambiante de los hechos de un momento marcado por la volatilidad y la liquidez, no es difícil comprender por qué los sujetos tienden a "surfear" delante de referencias que ni siquiera llegan a mantener una forma concreta el tiempo suficiente como para garantizar confianza y proveer seguridad (Bauman, 2009).

Luego, antes de intentar ofrecer a la esfera pública, donde se ubica la escuela, una salida hacia un nuevo orden, es necesario redescubrir los conceptos, los términos, las categorías y las instituciones, cargándolos de un determinado valor socialmente convencional, a fines de salvarlos del exceso de significados y definiciones desproveídas de sentido y claridad, y donde su empleo pueda darse menos por una cuestión de retórica que por el rescate de su estatuto social.

Si el imperativo en la contemporaneidad es rendirse ante la ola de "cambiar el punto de vista", observando la variación en la ubicación de algunos de los elementos que vienen a caracterizarla, también es importante tener en cuenta el carácter de ruptura engendrado por la Modernidad y sus respectivos proyectos, ya que a cada tiempo caben nuevas rupturas epistemológicas. Pero incluso cabe la indagación sobre si aún disponemos de categorías para mirar el presente y sus novedosos horizontes que caminan hacia el futuro sin ofrecer rutas seguras, sino una multiplicidad de vías, propuestas y dudas.

Luego, si el tiempo presente demanda constantes negociaciones con el medio, ya que la contemporaneidad, al engendrar rupturas, trae consigo la propuesta de resignificación de términos, así como la reconfiguración de hechos, sentidos y representaciones bajo distintas miradas, nos cabe aún preguntarnos si, en este tiempo, algo queda sin que se rompa su significado. Así llegamos al último punto de esta reflexión inquiriéndonos...

3.5 Una pregunta que no quiere callar: ¿los tiempos líquidos se encargarían de transformar "juventud", "educación" y "autoridad" en términos enfermos?

Torcuato Di Tella, en el prólogo del *Diccionario de Ciencias Sociales y Políticas*, afirma que las palabras se encuentran enfermas, "agobiadas por la carga de significados, de metáforas, de definiciones" a las cuales son sometidas en la contemporaneidad, y que a menudo también sufren dadas las distinciones entre lenguas, realidades y vivencias. Luego, a fines de trabajar con ellas, el autor propone una acción de desagravio:

> Para prepararnos ante la nueva etapa que, con diversos tiempos en cada uno de nuestros países [latinoamericanos], estamos comenzando a recorrer, es bueno hacer un inventario de las palabras con que nos agredimos, con las que pretendemos comprender la realidad y eventualmente entendernos unos a otros. [...] El objetivo es ambicioso, pero impostergable. Necesitamos un vademécum, un manual adaptado a nuestra propia realidad escrito por los mismos habitantes de esta Babel en trance de reorganizarse y entenderse a sí misma (Di Tella, 2008: 9).

De esta manera, dada la complejidad de la realidad investigada en el campo de las ciencias sociales, no hay camino para alcanzar la exactitud de los términos y su posterior deslizamiento. Luego, pretender llegar a definiciones demasiado exactas, hasta por un fin justificable, como para encaminar a los necios en el desafío de la investigación de categorías sociológicas, "se hace poco útil", y a menudo terminan siendo "meros juegos de palabras" (ibídem). Por lo tanto, "hay que demostrar el movimiento moviéndose", ya que los conceptos emergen de una realidad que es, por principio, multidimensional, y "las dimensiones, esos componentes de la realidad, son muy difíciles de desmenuzar, de convertir en conceptos o palabras claras con significados completamente definidos" (p. 10).

Expuesto esto, se torna un tanto más sencillo explicar la utilización de los términos "juventud", "autoridad" y "educación" realizada en este trabajo, situándolos en un nivel de interrelación con distintas epistemologías, distintos campos de saber, así como ubicándolos en un tiempo diferente, la contemporaneidad, que termina por cambiar –en algunos sectores se pueden captar estos cambios apenas por la vía de los intersticios de los discursos producidos– los sentidos y los significados que traen de herencia de un pasado no tan distante. Caminamos, aunque nos quedemos con estas dudas y muchas otras, ya que nos interesa sumergirnos en el presente buscando en él las huellas de sentido de las que todavía pueda disponer.

Consideraciones finales

Con el objetivo de comprender los factores que influyen en el reconocimiento de las figuras de autoridad en el ambiente educacional en la contemporaneidad, se emprendió un recorrido sobre este tiempo con vistas a situar el momento sociohistórico, económico y cultural en el que los sujetos investigados se encuentran ubicados, y los respectivos cambios relativos a los sentidos y a los significados dados a la vivencia de lo colectivo, sea bajo una institución específica como la familia o la escuela, sea en la relación con el grupo al cual el sujeto elija pertenecer.

Así, pudimos observar un movimiento de apagamiento de los bordes sociales dado por el impacto relativo al énfasis en la pluralidad, en la flexibilidad, la multiplicidad de ofertas y de posibilidades en el campo del consumo, engendrando un pasaje hacia un nuevo tipo de sociedad con acento en lo nuevo y en la representación de un tiempo marcado por la fuerza de un "presente eterno", que descalifica el pasado y desconoce la posibilidad de construcción de un futuro.

Habiendo disecado estas representaciones relativas al momento histórico, emprendimos la problematización de la cuestión específica de la autoridad, trabajando sus nociones en distintos momentos históricos, así como bajo distintas epistemologías, a fines de identificar los modos de subjetivación vinculados con los procesos de construcción de la figura de autoridad en distintos discursos y narrativas teóricas, es decir, según distintos campos del conocimiento.

Tratamos de traer a la discusión la temática de la juventud, intentando presentar algunos puntos asociados tanto a su conformación como fenómeno social complejo y categoría distinta en el ordenamiento social, como a sus atravesamientos, donde familia, trabajo, escolarización y

vivencia de la intimidad son considerados aportes fundamentales en la configuración de una "subjetividad juvenil".
La elección de esta categoría social como centro del proceso
investigativo se dio por creer que la constitución reciente
de la categoría de juventud, como un problema de investigación en el campo de las ciencias sociales y no como un
problema de orden social, apunta hacia la posibilidad de
engendrar nuevas salidas para los siempre viejos problemas
relativos a la representación de esta camada poblacional
en el imaginario social.

Con las herramientas conceptuales en manos y con
una más profunda visión acerca del escenario social de-
lineado en la actualidad, realizamos la investigación de
campo cuyos instrumentos se prestaron a promover un
conocimiento objetivado tanto de la identidad social de
los jóvenes (involucrando datos relativos a edad, género,
condiciones familiares y de trabajo, además de indicadores
asociados a los sentidos asignados a la escuela y a la cuestión de la autoridad), como en la búsqueda de descifrar
los discursos de los jóvenes, así como de distintos actores
sociales que operan en el campo educativo en las funciones
de gestión y docencia.

Expuesto esto, podemos decir que las cuestiones aquí
trabajadas están referidas al tratamiento dado a las hablas
recogidas en la aplicación de dos instrumentos distintos,
esto es, entrevistas con los jóvenes y grupo focal. Los datos
recogidos en la encuesta (instrumento 1) fueron tratados
con vistas a elegir categorías analíticas.

Para analizar las representaciones sobre autoridad
presentadas en las respuestas de los jóvenes, fueron creadas
cinco categorías distintas. De ellas solo las cuatro primeras
fueron consideradas en la investigación. Las categorías
fueron así distribuidas:

- Categoría 1. *Autoridad representada por una imagen personificada.* En esta categoría encontramos las unidades de análisis: Persona, Familia y "el Bien".
- Categoría 2. *Autoridad representada por una postura referida a la alteridad.* En esta categoría las unidades de análisis son: Respeto, Responsabilidad, Humildad, Aproximar-se, Referencia, Actitud, Ejemplo, Protección, Merecimiento, Justicia, Comprensión, Carácter, Educación y Equilibrio).
- Categoría 3. *Autoridad referida a una figura de liderazgo y organización.* En esta categoría encontramos las unidades de análisis: Manejo, Orden, Corregir, Dirigir, Liderazgo, Límites, Disciplina, Dominio, Obedecer, Directo, Conocimiento, Inteligencia, Organización y Normas).
- Categoría 4. *Autoridad referida a una postura de dominación y autoritarismo.* En esta categoría tenemos como unidades de análisis los términos: Poder, Mandar, Superioridad, Control, Imponer reglas, Imposición / intimidación, Privilegio e Influencia).
- Categoría 5. *Nulos.* Ejemplos de unidades de esta categoría: qué sé yo, no sé, no me interesa, nada.

Los datos y la conformación de las categorías analíticas

Las 358 encuestas aplicadas en las seis escuelas investigadas generaron distintas respuestas sobre la representación de autoridad. En el tratamiento de los datos se pudo observar que los jóvenes estudiantes eligieron cuarenta distintos términos para designar autoridad, que fueron clasificados en las cinco categorías ya presentadas.

A fines de identificar las características más cercanas a la representación de autoridad para los jóvenes investigados, trabajamos los datos recogidos en el instrumento de la metodología cualitativa aproximándolos a los datos recogidos en las menciones de los jóvenes por la vía de la técnica de grupo focal. En las dos, el término que más tuvo regularidad de presentación es "respeto", que vino a configurar el 25,4% de respuestas en la aplicación del instrumento, y añadiendo a este dato el porcentaje de jóvenes que consideró el término "responsabilidad" como más cercano a la representación de autoridad (9,7%), tenemos un total de 35,1% de respuestas que piensan la idea de autoridad como ligada a una actitud de cuño ético.

Así, pudimos concluir que la figura de autoridad para buena parte de los jóvenes investigados necesita reconocer a sus interlocutores también en una mirada transversal de autoridad, una mirada que denote la actitud de aceptación del otro, reconociendo su derecho a tener voz. Las respuestas de los jóvenes también apuntaron hacia la identificación con una figura de autoridad que se refiere a la alteridad, cuando eligieron los términos, actitud, ejemplo, merecimiento, justicia, comprensión, equilibrio, carácter, protección y educación (en el sentido de tratarlos con amabilidad y respeto) como referenciales igualmente importantes.

Esta representación de autoridad se aproxima mucho a aquella propuesta por Arendt (1960/1992a) cuando plantea la condición de autoridad en un ambiente prepolítico como una condición de desigualdad legitimada por la creencia y la confianza en la responsabilidad que uno asume delante de los más jóvenes, en el sentido de garantizarles un lugar en el mundo, reconociendo en ellos sujetos aún en crecimiento y formación:

> La educación es el punto en que decidimos si amamos el mundo lo bastante como para asumirnos la responsabilidad por él, y con tal gesto, salvarlo de la ruina que sería inevitable si no fuera por la renovación y la llegada de los nuevos y de los jóvenes (Arendt, 1960/1992b: 147).

De otro lado, la elección de los términos relativos a la categoría 4 como los más representativos de la autoridad para un gran grupo de jóvenes nos muestra una distinción con respecto a la idea de autoridad planteada en la elección anterior, donde el poder implícito en la condición de autoridad no deriva del dominio, sino del ejercicio llevado a cabo a partir de la capacidad de iguales de establecer propósitos comunes, y de forma cooperativa, realizarlos.

Esta representación de la figura de autoridad como una figura de mando y dominación puede reflejar la idea de que siendo la sociedad, en sus varias dimensiones, sobrepasada por relaciones violentas, la escuela, como institución social inscripta en la sociedad, no estaría salvaguardada de la emergencia de este fenómeno en su interior. Al contrario, por mantener expedientes que reflejan la violencia simbólica, tanto por la vía del discurso como por la vía de la cronificación de distintas fallas en su interior, la escuela termina por perpetuar relaciones violentas y desiguales.

Esta desigualdad se observa no solo en su estructura, sino también en los prejuicios que sostiene, y hasta en su resignación en lo que concierne a la insuficiencia de su actuación relativa al rol que le compete. El modelo de la escuela de gestión oficial, en los dos países investigados, en que pesan las diferencias, representa la señal de su sujeción en una relación que es, al fin y al cabo, una relación que refleja la exploración del mundo contemporáneo.

La violencia ocurre también en las escuelas de ámbito privado por el incentivo a una competitividad sin límites y deshumanizante, y por el emprendimiento de un modelo tipificador que clasifica a todos los actores sociales de manera –no raras veces– perversa y cruel, creando una geografía escolar distinta y engendrando eventos de violencias innominables contra el otro. No son pocas las discusiones (Auycro, 1993; Braslavsky, 2001; Bauman, 2009) que muestran a la escuela secundaria (como vista por el joven) como un hiato, un compás de espera, un rito de pasaje rumbo a algo mayor, tomando la dimensión de un expediente meramente burocrático. Esto se da en función de que la institución educativa ha cedido espacio en un imaginario social que la representaba como el campo de la cultura, para asumir el lugar de un espacio de formación de índole pragmatista, con vistas a la profesionalización. En este sentido, la autoridad, representada por una perspectiva utilitarista, para mantenerse necesita de expedientes distintos, y entre ellos podemos citar el poder de mando y la capacidad de dominación.

Esta lectura hecha por el grupo que optó por representar la cuestión de la autoridad como referida a una postura de poder y dominación se aproxima a una lectura foucaultiana de la representación de autoridad en las instituciones de molde disciplinario (entre ellas la escuela, los hospitales, la prisión), donde la relación de poder es figurada por un vínculo desigual de fuerzas que envuelve a la coerción y a la dominación como estrategias de mantenimiento de su potencial de sostenimiento de un patrón de sumisión. Foucault también realzó en sus escritos la idea de que toda dominación provoca un movimiento de resistencia, que también es una forma de poder, ya que el contrapoder además se caracteriza por su condición coercitiva. Esta idea la encontramos muy fuertemente planteada en su obra *Vigilar y castigar* (1975/2006). En sus últimas obras, cuando investigó más profundamente las cuestiones de cuño moral, el autor intentó comprender la posibilidad de una subjetivación que no necesitara pasar por la sumisión, o sea, que el sujeto pudiera subjetivarse en un cuidado de sí y no meramente en una situación de sujetamiento a las instituciones, invirtiendo el giro de sus reflexiones.

De este modo, podemos concluir que los jóvenes hablan de una representación de autoridad un tanto ideal, como expectativa de una vivencia próxima a un modelo humanizado de convivencia social. También de una autoridad vivenciada donde la presión por la adhesión al modelo social hegemónicamente determinado es una experiencia real tomada como violenta y opresora. Sin embargo, se trata de una realidad contra la cual también se lucha utilizando las armas de las que disponen. Los discursos de los jóvenes relativos a las estrategias de enfrentamiento de las reglas, normas y órdenes sin significado que los someten, pueden ser tomados como ejemplo:

> "El tipito lo distrae al guardia, le roba la llave de la entrada... y él ni va atrás... llama a la directora y ella le va a dar un sermón... no resuelve nada... aquí los tipos hacen lo que quieren... también... 50 alumnos dentro de un aula... ¿quién es que lo va a encarar?"

Así, hasta que las distintas instituciones educativas intentan crear un espacio compartido tributario de una palabra autorizada, ya que es reconocida en su potencial simbólico, los jóvenes van luchando y defendiéndose de las instituciones que deberían protegerlos. En este sentido, el testimonio de la gestora de una de las instituciones investigadas complementa el tema:

> "El concepto de autoridad es muy complejo... muy complejo... tiene muchos... como diría... muchos condimentos... y también es muy difícil para nuestros chicos, en estos tiempos que ven tanta cosa inescrupulosa, tantos cambios alrededor... tanto 'todo vale'... tanto desorden a nivel ético... moral... creo que tenemos que redoblar en las escuelas los esfuerzos para que los chicos se formen en este sentido... y empezar también nosotros a ser mucho más cuidadosos, los adultos, con las actitudes que tenemos con nuestros jóvenes en las escuelas... porque yo siempre digo... uno a veces... en este rol de mayor poder que tiene la relación docente-alumno, a veces cometen también injusticias... levantan de más la voz... utilizan algunos términos para con algunos alumnos que no corresponden... que son una forma de violencia... y genera conflictos también...a veces el adulto es el que es

el generador de conflictos... entonces también tenemos
que hacer una mirada... para nosotros mismos y empezar
a... creo... a apostar en una nueva cultura... dentro de las
instituciones escolares"...

(Gestora Esc. 03)

Es necesario también involucrar a la familia en la cuestión de la formación del concepto de autoridad, ya que
mucho se habló de este núcleo social como importante
aporte cuando se intenta comprender la construcción del
principio de autoridad en la contemporaneidad. Sobre una
amplia conexión tejida en los distintos ámbitos de la vida
del sujeto también nos recuerda Arendt:

> Hay una conexión entre la pérdida de autoridad en la vida
> pública y política y en los ámbitos privados y prepolíticos
> de la familia y de la escuela. Cuanto más radical se torna
> la desconfianza ante la autoridad en la esfera pública, más
> crece, naturalmente, la probabilidad de que la esfera privada
> no permanezca incólume (Arendt, 1960/1992b: 140).

Aproximaciones a otras investigaciones

El proceso de investigación aquí presentado también
nos permitió observar que muchos de los datos recogidos en la encuesta y posteriormente tratados presentaron
regularidades con la investigación llevada a cabo por la
Universidad Católica de Córdoba (Carena *et al.*, 2006).
Esta investigación, que aporta datos sobre los intereses,
realidades e inquietudes de los jóvenes cordobeses, presenta una aproximación relativa a la situación laboral de
los jóvenes: en la encuesta de la Universidad Católica de
Córdoba (UCC), el 41% de los jóvenes manifiesta haber
trabajado en alguna oportunidad o estar desarrollando
una actividad laboral. En nuestra encuesta, el porcentual
fue muy cercano: 40,2%. También en relación con la conformación del hogar, las dos investigaciones apuntaron

hacia el grupo familiar como marco de convivencia para
los jóvenes. De ahí el núcleo central se da por los padres
y los hermanos. En la encuesta de la UCC, el 74% de los
jóvenes vive con ambos progenitores, mientras en nuestra
encuesta, el 83,6% de los encuestados vive con uno de los
padres o con la pareja.

Los datos referidos a las representaciones subjetivas
vinculadas con la escuela también presentan gran proximidad: tanto en la encuesta de la UCC (2006) como en esta
investigación, los jóvenes asignaron un importante valor a
la escuela, pero en sus discursos se puede observar que este
valor es del orden de lo imaginario, por lo que la escuela es
representada como institución que permanece a lo largo
de los siglos, y no tanto como experiencia individual. En
este ítem, los investigadores de la UCC concluyeron:

> La valoración positiva de la formación recibida [e informada
> por los jóvenes cuando contestaron que la escuela secun-
> daria puede ser considerada buena o muy buena para el
> 83% de ellos] no tiene que ver con el funcionamiento real
> de Sistema Educativo [...] sino con el sentido de pertenencia
> que los estudiantes desarrollan con sus escuelas. Esto lleva
> a pensar que la evaluación que efectúan de la enseñanza se
> funda, más bien, en apreciaciones afectivas que en juicios
> objetivos (Carena *et al.*, 2006: 58).

Esta percepción es muy cercana a las conclusiones a
que llegamos. Además de las distinciones de evaluación
de las dos poblaciones investigadas, donde los alumnos
brasileños presentaron resultados más bajos en todos los
puntos investigados –también afectados por las condiciones
singulares de sus instituciones–, se puede observar en los
testimonios analizados una desesperanza en cuanto a los
rumbos de la escuela (de parte de los estudiantes brasileños), sin embargo, también exhibieron un alto escore relativo a la apuesta en la institución educativa como espacio
que debe favorecer el crecimiento individual y cultural de

los sujetos. Es una posición ambivalente, ya que juega con las representaciones de lo aprendido (discursos externos) y de lo vivido en la escuela.

Otro de los interrogantes planteados y que tiene mucha proximidad con la encuesta de la UCC es relativo a la característica que debe detentar una figura de autoridad: para la encuesta de la UCC (2006), una persona que figure como modelo debe serlo en función de su conducta para el 63% de los jóvenes. En este trabajo, la respuesta relativa a quién tiene actitud y merece ser imitado obtuvo el mayor porcentual de elecciones, quedando en el 38,9% de las respuestas.

Un dato que nos causó preocupación tiene que ver con la pregunta ¿quién tiene el derecho de establecer normas en relación con vos? En este ítem tratado en la investigación, los jóvenes argentinos eligieron a la familia y a la escuela como las instituciones a las cuales pertenecen las figuras a quienes más deben obediencia. Los jóvenes brasileños, distintamente, eligen a los operadores de la justicia (abogados, jueces y la policía) como figuras a quienes deben obedecer incluso en grado más alto que lo relativo a los agentes educativos. Este puede ser un dato cuya emergencia en este trabajo se refiera a la invasión del ambiente educativo de fuerzas externas a su campo de actuación –por la vía de una interpretación, a veces equivocada, del *Estatuto da Criança e do Adolescente*, creado a partir de la Ley 8069/1990– y a nuestro entender, debe ser interpretado con rigor y responsabilidad por aquellos que se interesan en comprender e intervenir en las políticas del ámbito educativo.

Incluso con respecto a la aproximación de la investigación de la UCC (2006), tenemos los datos relativos a los comentarios adicionales referentes a la cuestión de la autoridad, cuando tenemos informaciones importantes: los aspectos "respeto" y "responsabilidad" fueron los más

votados como características vinculadas con la condición
de autoridad, dándonos a entender que los valores ligados
a la alteridad son los más importantes en la visión de los
jóvenes para que uno sea considerado un modelo a seguir.
Estos datos fueron comentados anteriormente, y en conjunto con la interpretación de las otras informaciones, como
las respuestas de los jóvenes investigados por el grupo de
la UCC (2006), nos ofrecen importantes aportes para comprender los factores que afectan en el reconocimiento de
las figuras de autoridad en la contemporaneidad.

Los datos sobre la cuestión asociada a los aspectos
que influyen en la construcción de la figura de autoridad
suministrados por Greco (2007), también son muy cerca-
nos a los que emergieron en este trabajo investigativo. La
autora trata la cuestión de la autoridad pedagógica, y en
este terreno comenta sobre las intensas transformaciones
de la familia contemporánea y su lucha por mantener la
función que en el límite se podría definir como la condición
para que se instaure "una ley fundamental, humanizada,
creadora de un lazo indispensable para la vida subjetiva"
(Greco, 2007: 121).

La autora trabaja la cuestión de la autoridad, al fin
y al cabo, como tributaria de la palabra, y así, como una
metáfora de habilitación tanto dirigida a los adultos como
a los más jóvenes. En este sentido, al comentar sobre los
desafíos de la "autorización", que sería este movimiento en
dirección a la autoridad y su función, Greco trae importantes aportes de la psicoanalista Piera Aulagnier, cuando
trata de los presupuestos relativos a lo que denominó *la
violencia de la interpretación*.

Para esta última, "todo sujeto nace en un 'espacio
hablante'" (Aulagnier, véase Greco: 124), siendo el hábi-
tat donde el yo se constituiría, como también construiría
el lazo con el otro. La cuestión es que el sujeto, desde su
nacimiento, es subyugado, por un lado, a un patrón de

violencia denominado primario, que es constitutivo, que promueve la emergencia de la subjetividad, y por lo tanto, que asenta al sujeto (la autora nombró a este movimiento importante y "bien intencionado" de violencia, pues considera que es una acción no autorizada por el otro, y por lo tanto, invasiva delante de un ser aún sin defensas); por otro lado, el sujeto es también subyugado por un patrón de violencia denominado secundario, que saca la posibilidad de subjetivación y se caracteriza por el exceso, y en consecuencia, por un ejercicio de poder abusivo sobre el otro.

Así, la violencia secundaria se caracteriza por ser un decir sobre el otro de cuño perverso, pues abre camino a la violencia apoyándose en un proceso primario fundamental en la constitución del sujeto, y por lo tanto, abre camino sobre una función simbólica. Por esto nos preocupa tanto, y permite la indagación: "¿Cómo quedan ubicados esos adultos y su palabra, su relato de la vida pasada, presente y futura hacia los hijos e hijas que educan?", e intenta buscar salidas para este enigma:

> Luego, es necesario transformar y reinventar ya no sólo el lugar de los padres en la constitución subjetiva, sino también el de los adultos y las instituciones en las que se encuentran los niños y los jóvenes en el marco de los vínculos y los procesos de subjetivación (Greco, 2007: 128).

Cuando observamos los discursos de algunos de los gestores, referentes a los jóvenes o hasta mismo a los actores sociales de la escuela, observamos claramente la presencia de la violencia simbólica en el ambiente escolar. Esta violencia, de la cual también trató Bourdieu y que discutimos en el segundo capítulo de este trabajo, es asimismo la violencia sobre la cual llamamos la atención de los educadores, para –como concluye Greco– "comprender el ejercicio de autoridad como una relación entre diferencias" (*op. cit.*: 155). Luego, más allá de tener como referente una asimetría, la autoridad se da por la función del otro, por su capacidad de "instaurar un lugar de reconocimiento" (ibídem), y por lo tanto, de subjetivación, escapando a la lógica de las oposiciones binarias y buscando una relación que reconozca la eficacia simbólica del reconocimiento de lo singular que hay en cada uno.

En este sentido también van las conclusiones de Terahata (2008), cuando al discutir los sentidos de participación y autoridad en una comunidad que desarrolla trabajos con jóvenes de clases populares, afirma la necesidad de la educación como escenario privilegiado en la actitud hacia la presentación a los jóvenes del mundo tal como es (en la perspectiva arendtiana), y no como un campo donde se aprenden estrategias de supervivencia en un espacio común predestinado al fracaso.

En su investigación con jóvenes y educadores, el término que sirvió de norte en los discursos de los investigados fue "respeto", así como en la investigación con la cual trabajamos. Esta similitud muestra la necesidad de revisar los conceptos sobre la cuestión de la autoridad, de rever lo que sea su huella conservadora, ya que para Arendt, autora que aportó los datos más significativos en la conformación de los dos trabajos ahora discutidos, el carácter conservador del trabajo educativo se da no por una cristalización del pasado, sino por el movimiento de búsqueda de conservación de los aspectos simbólicos –de referencia fundamental– en el reconocimiento de uno como parte de una condición, que más allá de ser una pieza del motor que impulsa el tiempo presente, es parte de una historia y de una verdad que precede a su existencia.

Para la autora, esta creencia en una historia común, en una verdad compartida, es el motor que fortalece los sentidos que estas verdades provocan y que posibilita compartir también lo nuevo que se presenta. Es en este movimiento que reside la verdad de la educación y la razón de ser de la escuela como institución formadora. Creyendo en la fuerza de la responsabilidad, del respeto y del carácter ordenador del mundo, concluye:

> Es también por el hecho de acreditarnos siempre en la posibilidad de lo nuevo que cada generación aporta, que se configura constantemente la viabilidad de ir "poniendo el mundo en orden" de forma de preservarlo de sus creadores y de sus habitantes [...], hecho que demanda una reflexión constante respecto a la práctica educativa cotidiana (Terahata, 2008: 134).

Reflexiones finales que proponen nuevas investigaciones
Optamos por trabajar la cuestión de la autoridad eligiendo el campo de la educación como *locus* privilegiado de investigación. Lo elegimos por creer que la escuela, en las sociedades complejas, configura un espacio de luchas sostenidas por las divisiones sociales de distintos ámbitos y alcances que marcan su trayectoria, siendo así un campo fértil de investigación.

Las luchas trabadas en la institución educativa van a interferir en su representación. Prueba de esto es que hasta configurarse como un sistema público y universal, reconociéndose como una institución de carácter formador, así como una institución que por la vía de la instrucción asumiera para sí las funciones de ordenamiento social, la escuela ha sido referenciada por distintos discursos y vive muchas rupturas internas dada la fuerza de la influencia de estos discursos en el imaginario social.

El hecho de intentar revelar los discursos emergidos de su interior se da en función de buscar rehabilitar esta institución por la vía de una mejor comprensión de los factores que afectan su funcionamiento y representación, proponiendo nuevas miradas y objetivando la búsqueda de distintos dispositivos educativos que privilegien el lazo con el otro de base más ética y más humanitaria.

Así, además de creer que los resultados aquí presentados no pretenden ser conclusivos, sino promover la apertura
de líneas de discusión sobre la cuestión de la autoridad y
sus atravesamientos, se espera poder intervenir positiva-
mente en el campo educativo en el sentido de suministrar
propuestas de trabajo que por la vía de un estudio sólido
propicie nuevas miradas acerca de los factores que influyen en la construcción de lazos en el ambiente educativo.

Deseamos que los datos recogidos y aquí interpretados a la
luz de un recorte teórico multidisciplinario sirvan, más allá
de cumplir la función de registro de una época singular y
paradojal, para posibilitar muchas otras reflexiones sobre
la temática de la autoridad, sus aspectos, características,
lecturas, así como los obstáculos en su constitución y mantenimiento de aquellos que se interesan por la comprensión
dialéctica de los fenómenos de la contemporaneidad.

REFERENCIAS BIBLIOGRÁFICAS

ABAD, M., *Las políticas de juventud desde la perspectiva de la relación entre convivencia, ciudadanía y nueva condición juvenil en Colombia*, Viña del Mar, CIPDA, 2003.

ABRAMO, H., *Cenas Juvenis. Punks e darks no espetáculo urbano*, San Pablo, Scritta, 1994.

ADORNO, T. & MORIN, E., *La industria cultural*, Buenos Aires, Editorial Galena, 1964.

ALPÍZAR, L. & BERNAL, M., "La construcción social de las juventudes", *Revista Ultima Década*, Viña del Mar, CIPDA, núm. 19, noviembre de 2003.

ÁLVAREZ-URIA, R., "La escuela y el espíritu del capitalismo", *Volver a pensar la educación*, Congreso Nacional de Didáctica, Madrid, Morata, 1999.

AMEIGEIRAS, A., "Fiesta popular e identidad religiosa en el Gran Buenos Aires", en FILC, J. (comp.), *Territorios, itinerarios, fronteras: la cuestión cultural en área Metropolitana de Buenos Aires. 1990-2000*, Buenos Aires, Al Margen, 2000.

ARENDT, H., "¿Qué es la autoridad?", en *Entre el pasado y el futuro. Ocho ejercicios sobre la reflexión política*, Barcelona, Ediciones Península, 1960/1992a.

ARENDT, H., "El concepto de historia: antiguo y moderno", en *Entre el pasado y el futuro. Ocho ejercicios sobre la reflexión política*, Barcelona, Ediciones Península, 1960/1992c.

ARENDT, H., "La crisis en la educación", en *Entre el pasado y el futuro. Ocho ejercicios sobre la reflexión política*, Barcelona, Ediciones Península, 1960/1992b.

ARFUCH, L. (comp.), *Identidades, sujetos y subjetividades*, Buenos Aires, Prometeo, 2005.

AUGÉ, M., *Los "no lugares" espacios de anonimato. Una antropología de la sobremodernidad*, Barcelona, Editorial Gedisa, 1992.

AUYERO, J., *Otra vez en la vía: notas e interrogantes sobre la juventud de los sectores populares*, Buenos Aires, Espacio, 1993.

BALANDIER, G., *El desorden. La teoría del caos y las ciencias sociales*, Barcelona, Editorial Gedisa, 2003.

BAMBOZZI, E., *Pedagogía latinoamericana: teoría y praxis en Paulo Freire*, Córdoba, Editorial UNC, 2000.

BARNES, J., "Redes Sociais e Processos Políticos", en FELDMAN-BIANCO (org.), *Antropologia das Sociedades Contemporaneas*, San Pablo, Global, 1997.

BAUDRILLARD, J., *Cultura y simulacro*, Barcelona, Kairós, 1998.

BAUDRILLARD, J., *A ilusão vital*, Río de Janeiro, Jorge Zahar editor, 2001.

BAUMAN, Z., *Modernidade e ambivalência*, Río de Janeiro, Jorge Zahar editor, 1999a.

BAUMAN, Z., *Globalizaçao: As consecuencias humanas*, Río de Janeiro, Jorge Zahar editor, 1999b.

BAUMAN, Z., *Trabajo, consumismo y nuevos pobres*, Barcelona, Editorial Gedisa, 2000.

BAUMAN, Z., *Modernidad Líquida*, Buenos Aires, Fondo de Cultura Económica de Argentina, 2003.

BAUMAN, Z., *Vida de consumo*, Buenos Aires, Fondo de Cultura Económica Argentina, 2007.

BAUMAN, Z. & TESTER, K., *La ambivalencia de la modernidad y otras conversaciones*, Barcelona, Paidós, 2001.

BAUMAN, Z., "Desafíos pedagógicos y modernidad líquida. Entrevista concedida a Alba Porcheddu", *Propuesta Educativa: Revista de Educación de FLACSO*, Buenos Aires, 2009.

BECK, U., *La sociedad del riesgo. Hacia una nueva Modernidad*, Buenos Aires, Paidós, 1998.

BECK, U., *La sociedad del riesgo global*, Madrid, Siglo Veintiuno de España Editores, 2002.

BELLOF, M. & MENDEZ, E., *Infância, lei e democracia na América Latina: Análise crítica do panorama legislativo no marco da convenção internacional sobre os direitos da criança 1980-1998*, EDUFURB, 2001.

BERGER, P. & LUCHMANN, T., *Modernidad, pluralismo y crisis de sentido*, Buenos Aires, Paidós, 1997.

BOSIO, M., *Los jóvenes en el mundo del trabajo: sus representaciones, expectativas y decisiones en relación a trayectorias sociales en el entorno familiar*, III Congreso Latinoamericano de Sociología del Trabajo, Buenos Aires, 2000.

BOTO, C., "Um Credo Pedagógico na Democracia Escolar: um traçado do pensamento de John Dewey", *Revista de Educaçao*, Porto Alegre, año XXIX núm. 3, pp. 599-619, diciembre de 2006.

BOURDIEU, P., *Cosas dichas*, Barcelona, Editorial Gedisa, 1988.

BOURDIEU, P., *Intelectuales, política y poder*, Buenos Aires, Eudeba, 1999.

BOURDIEU, P., *Sociología y Cultura*, Mexico, Grijalbo, 2003.

BOURDIEU, P., "Condiçao de Classe e Posiçao de Classe", en MICELI, S. (org.), *A Economia das Trocas Simbólicas*, San Pablo, Perspectiva, 2004a.

BOURDIEU, P., "Gênese e estrutura do campo religioso", en MICELI, S. (org.), *A Economia das Trocas Simbólicas*, San Pablo, Perspectiva, 2004b.

BOURDIEU, P., *Cuestiones de Sociología*, Madrid, Ediciones Istmo, 2005.

BOURDIEU, P. & PASSERON, J., *A Reproduçao. Elementos de uma Teoria do Sistema de Ensino*, Lisboa, Editorial Vega, 2002. [Texto originalmente escrito en 1970].

BRASLAVSKY, C., *Informe de la situación de la juventud argentina*, Buenos Aires, CEAL, 1986.

BRASLAVSKY, C., "Reflexiones acerca de los discursos y las prácticas en las políticas educativas", en FRIGERIO,

G. *et al.*, *Políticas, instituciones y actores en educación*, Buenos Aires, Ediciones Novedades Educativas, 2000.

BRASLAVSKY, C. (org.), *La educación secundaria, ¿cambio o inmutabilidad? Análisis y debate de procesos europeos y latinoamericanos contemporáneos*, Argentina, IIPE / UNESCO / Santillana, 2001.

BRITTO GARCÍA, L., *El imperio contracultural: de rock a la posmodernidad*, Caracas, Nueva Visión, 1996.

CANCLINI, N., *Imaginarios urbanos*, Buenos Aires, Editorial Eudeba, 1997.

CARENA, S. *et al.*, *Intereses, costumbres y valores de la juventud cordobesa. Una exploración en estudiantes del último año de la escuela media*, Córdoba, UCC, 2006.

CASTEL, R., *Las metamorfosis de la cuestión social. Una crónica del salariado*, Buenos Aires, Paidós, 1996.

CASTELLS, M., *El surgimiento de la sociedad de redes*, Madrid, Editorial Alianza, 1997.

CASTORIADIS, C., *A instituição imaginária da sociedade*, Río de Janeiro, Paz e Terra, 1982.

CASTORIADIS, C., *Crisis del proceso identificatorio. En el avance de la insignificancia*, Buenos Aires, Eudeba, 1997.

CASULLO, N., "La escena presente: debate Modernidad-Posmodernidad", en *Itinerarios de la Modernidad. Corrientes de pensamiento y tradiciones intelectuales desde la Ilustración hasta la Modernidad*, Buenos Aires, Oficina de Publicaciones del CBC, 1997.

CEPAL, *Adolescencia y juventud en América Latina y el Caribe: problemas, oportunidades y desafíos en el comienzo de un nuevo siglo*, Santiago de Chile, 2000. Otras ediciones disponibles en: www.cepal.org

CEPAL & OIJ, *La juventud en Iberoamérica. Tendencias y urgencias*, Santiago de Chile, 2004.

COMPAYRÉ, G., *Herbart: la educación a través de la instrucción*, México, Editorial Trillas, 1997.

CHAVES, M., "Juventud negada y negativizada: representaciones y formaciones discursivas vigentes en la
Argentina contemporánea", *Revista Última Década*,
vol. 13, núm. 23, Santiago de Chile, diciembre de 2005,
pp. 9-32.

D'ÁVILA-LEÓN, O. *et al.*, *Los desheredados. Trayectoria
de vida y nuevas condiciones juveniles*, Valparaíso,
CIPDA, 2005.

DEBORD, G., *A sociedade do espetáculo*, Río de Janeiro,
Contraponto, 1997.

DELEUZE, G., "Post-scriptum sobre as sociedades de con-
trole", en *Conversações 1972-1990*, San Pablo, Editora
34, 1992.

DEWEY, J., *Mi credo pedagógico*, Buenos Aires, Losada,
1944. [Texto originalmente escrito en 1897].

DEWEY, J., *Experiencia y educación*, Buenos Aires, Losada,
1967. [Texto originalmente escrito en 1938].

DEWEY, J., *Democracia y educación: una introducción a
la filosofía de la educación*, Madrid, Editora Morata,
1995. [Texto originalmente escrito en 1916].

DI TELLA, T., *Diccionario de Ciencias Sociales y Políticas*,
Buenos Aires, Emecé Editores, 2008.

DICK, H., *Gritos silenciados mas evidentes. Jovens cons-
truindo juventude na história*, San Pablo, Loyola, 2003.

DUBET, F. *Sociologia da experiência*, Lisboa, Instituto Piaget,
1996.

DUCHATZKY, S. & CORREA, C., *Chicos en banda: los caminos de la subjetividad en el declive de las instituciones*,
Buenos Aires, Paidós, 2003.

DUFOUR, R., *El arte de reducir cabezas*, Buenos Aires,
Paidós, 2009.

DURKEIM, E., *La división del trabajo social*, Buenos Aires,
Editorial Gorla, 2008. [Texto originalmente escrito en
1893].

EAGLETON, T., *La idea de cultura. Una mirada política sobre los conflictos sociales*, Buenos Aires, Paidós, 2000.

ELBAUM, J., "Comunicar lo joven", en *Causas y Azares*, núm. 4, Invierno, Buenos Aires, 1996.

ELBAUM, J. (org.), *Que siga el baile. Discriminación y racismo en la diversión nocturna*, Buenos Aires, CBC-UBA, 1997.

ELBAUM, J., "La escuela desde afuera. Culturas juveniles y abandono escolar", en *Propuesta Educativa*, año 9, núm. 18, pp. 15-19, Buenos Aires, FLACSO-Novedades Educativas, 1998.

ELBAUM, J., "Las distancias lingüísticas", en MARGULLIS, M., *La juventud es más que una palabra*, Buenos Aires, Biblos, 2008.

ELIAS, N., *Sobre o tempo*, Río de Janeiro, Jorge Zahar editores, 1998.

ELIAS, N., *Compromiso y distanciamiento. Ensayos de Sociología del Conocimiento*, Barcelona, Ediciones Península, 2002.

ESCUDERO, I., "Norma y autoridad: la obediencia libre y su expresión social", *Intercanvis Revista de Psicoanálisis*, núm. 18, junio de 2007, España.

Estatuto da Criança e do Adolescente, Presidencia da República, Brasil, Lei 80.89, 1990. Disponible en: www.planalto.gov.br/ccivil/LEIS/L8089.htm

FEATHERSTONE, M., *Cultura global: nacionalismo, globalizaçao e modernidade*, Petrópolis, Vozes, 2002.

FEIXA, C., *De jóvenes, bandas y tribus: antropología de la juventud*, Barcelona, Ariel, 1998.

FILMUS, D., "La educación latinoamericana: entre la transformación y el ajuste", en FRIGERIO, G. *et al.*, *Políticas, instituciones y actores en educación*, Buenos Aires, Ediciones Novedades Educativas, 2000.

FILMUS, D., *Cada vez más necesaria, cada vez más insufi-ciente: escuela media y mercado de trabajo en épocas de globalización*, Buenos Aires, Santillana, 2001.

FLEURY, M., "Baile de la calle: jóvenes entre proyectos de recreación y trabajo", *Revista Última Década*, Santiago de Chile, 2007.

FOSTER, R., "Tradición crítica y Escuela de Frankfurt", en *Itinerarios de la Modernidad. Corrientes de pensamien-to y tradiciones intelectuales desde la Ilustración hasta la Modernidad*, Buenos Aires, Oficina de Publicaciones del CBC, 1997.

FOUCAULT, M., *Vigilar y castigar. El nacimiento de la prisión*, Madrid, Siglo Veintiuno de España Editores, 1975/2005.

FOUCAULT, M., *Microfísica del poder*, Madrid, Ediciones Endymión, 1992.

FOUCAULT, M., *Vigilar y castigar*, México, Siglo XXI Editores, 2006. [Texto originalmente escrito en 1975].

FREIRE, P., *La educación como práctica de la libertad*, Buenos Aires, Siglo XXI Editores, 1969.

FREIRE, P., *Pedagogía del oprimido*, Montevideo, Biblioteca Mayor, 1971.

FREIRE, P., *Política y educación*, Madrid, Siglo XXI Editores, 1993.

FREIRE, P., *Pedagogía de la autonomía*, Madrid, Siglo XXI Editores, 1996.

FREITAS, W., *Espaço Urbano e Criminalidade. Liçoes da Escola de Chicago*, San Pablo, BCCrim, 2002.

FREUD, S., "Duelo y melancolía", *Obras completas*, Buenos Aires, Amorrortu Editores, 2006. [Texto originalmente escrito en 1917].

FREUD, S., "Tótem y Tabú", *Obras completas*, Buenos Aires, Amorrortu Editores, 2006. [Texto originalmente escrito en 1913].

FREUD, S., "Un recuerdo infantil de Leonardo da Vinci", *Obras completas*, Buenos Aires, Amorrortu Editores, 2006. [Texto originalmente escrito en 1910].

FREUD, S., "Psicología de las masas y análisis del yo", *Obras completas*, Buenos Aires, Amorrortu Editores, 2006. [Texto originalmente escrito en 1921].

FREUD, S., "El Yo y el Ello", *Obras completas*, Buenos Aires, Amorrortu Editores, 2006. [Texto originalmente escrito en 1923].

FREUD, S., "El malestar en la cultura", *Obras completas*, Buenos Aires, Amorrortu Editores, 2006. [Texto originalmente escrito en 1930].

FREUD, S., "Nuevas Conferencias de Introducción al Psicoanálisis", *Obras completas*, Buenos Aires, Amorrortu Editores, 2006. [Texto originalmente escrito en 1933].

FRIGERIO, G. *et al.*, *Políticas, instituciones y actores en educación*, Buenos Aires, Ediciones Novedades Educativas, 2000.

GADOTTI, M., "Lições de Freire", *Revista da Faculdade de Educação-USP*, vol. 23, núm. 1, San Pablo, diciembre de 1997.

GAVIRIA, D. & PEÑA, A., "Educación, formación, pedagogía y crisis de la Modernidad: la reivindicación del ser humano como ser crísico", en DUQUE, A. (coord.), *La educación en tiempos débiles*, Barcelona, Antrophos, 2005

GHIRALDELLI, P., "A teoria Educacional no Occidente. Entre modernidade e pós-modernidade", *Revista Sao Paulo em Perspectiva*, vol. 14, núm. 2, abril / junio de 2000.

GIDDENS, A., *Modernidad e identidad del yo. El yo y la sociedad en la época contemporánea*, Barcelona, Ediciones Península, 1991.

GIDDENS, A., *Consecuencias de la modernidad*, Madrid, Alianza Editorial, 2004.

GONÇALVES, H. & KNAUT, D., "Aproveitar a vida, juventude e gravidez", *Revista de Antropologia*, San Pablo, vol. 49, núm. 2, julio-diciembre de 2006.

GRECO, M. B., *La autoridad (pedagógica) en cuestión. Una crítica al concepto de autoridad en tiempos de transformación*, Rosario, Homo Sapiens, 2007.

GUERRERO, R., "¿Qué sirve en la prevención de la violencia juvenil?", *Revista de Salud Pública*, Cuernavacca, México, vol. 1, supl. 1, 2008.

HALL, S., *A Identidade Cultural na Pós-Modernidade*, Río de Janeiro, Editora DP&A, 2002.

HARGREAVES, A. Profesorado, Cultura Y Posmodernidad. Madrid: Ediciones Morata, 2004.

HARVEY, D., *La condición de la posmodernidad. Investigación sobre los orígenes del cambio cultural*, Buenos Aires, Amorrortu Editores, 1998.

HERBART, J., *Pedagogía general derivada del fin de la educación*, Madrid, Ed. Humanitas, 1983.

HILSDORF, M., *Pensando a Educaçao nos Tempos Modernos*, San Pablo, Edusp, 1997.

JAMESON, F., *Pós-modernismo. A lógica cultural do capitalismo tardio*, San Pablo, Ática, 1998.

LARROYO, F., *História Geral da pedagogia*, San Pablo, Ed. Mestre Jou, 1974.

LASH, S., *Sociología del posmodernismo*, Buenos Aires, Amorrortu, 1990.

LE BRETON, D., *Sinais de Identidade: tatuagens, piercings e outras marcas corporais*, Lisboa, Misotis, 2004.

LECHNER, N., *Las sombras del mañana: la dimensión subjetiva de la política*, Santiago de Chile, LOM Ediciones, 2002.

LEFEBVRE, H., *O direito a cidade*, San Pablo, Moraes Editora, 1994.

LEVI, G. & SCHMITT, J-C. (orgs.), *História dos Jovens I*, San Pablo, Companhia das Letras, 1996.

LIPOVETSKY, G., *A era do vazio. Ensaio sobre o individualismo contemporâneo*, Lisboa, Relógio d'água, 1983.

LIPOVETSKY, G., *La era del vacío. Ensayos sobre el individualismo contemporáneo*, Barcelona, Anagrama, 1986.

LIPOVETSKY, G., *Los tiempos hipermodernos*, Buenos Aires, Anagrama, 2006.

LOTMAN, Y., *Cultura y explosión. Lo previsible y lo imprevisible en los procesos de cambio social*, Barcelona, Gedisa Editorial, 2002.

MACHADO PAIS, J., "A Construçao sociológica da juventude", *Análise Social*, vol. XXV, núm. 18, 1990.

MACHADO PAIS, J., *Culturas Juvenis*, Lisboa, Imprensa Nacional Casa da Moeda, 1993.

MAFFESOLI, M., *O tempo das Tribos: o declínio do individualismo nas sociedades de massa*, Río de Janeiro, Forense Universitária, 1987.

MAFFESOLI, M., *El instante eterno. El retorno de lo trágico en las sociedades posmodernas*, Buenos Aires, Paidós, 2005.

MARGULIS, M. (org.), *La cultura de la noche. Vida nocturna de los jóvenes de Buenos Aires*, Buenos Aires, Editorial Espasa Calpe, 1994.

MARGULIS, M., *La juventud es más que una palabra*, Buenos Aires, Biblos, 2008.

MARGULIS, M. & URRESTI, M., *La juventud es más que una palabra*, Buenos Aires, Biblos, 1996.

MARZULO, E., *Espaço dos Pobres: Identidade Social e Territorialidad na Modernidade Tardia. Tese de doutoramento*, Río de Janeiro, UFRJ, 2005.

MAUXION, M., *La educación por la instrucción y las teorías pedagógicas de Herbart*, Madrid, Ed. Daniel Jorro, 1977.

MCLAREN, P., *Pedagogía crítica y cultura depredadora. Políticas de oposición en la era posmoderna*, Barcelona, Paidós, 1997.

NARODOWSKI, M., "Destinos de la infancia y de los educadores: hiper y desrealización", en DUQUE, A. (coord.), *La educación en tiempos débiles e inciertos*, Barcelona, Antrophos, 2005.

OCDE, "Panorama sobre la educación 2007: los indicadores de la Organización para Cooperación y Desarrollo Económico". Documento disponible en: www.oecd.org/bookshop

ONU, *United Nations: World Programme of Action to the Year 2000 and beyond 1995*, Ginebra, 1995.

OSORIO, A., *O Genero da Tatuagem. Tese de Doutorado em Antroplogia*, Río de Janeiro, UFRJ, 2006.

PASSERINI, L., "A juventude, metáfora da mudanza social. Dois debates sobre os jovens: a Itália facista e os Estados Unidos da década de 1950", en LEVI, G. & SCHMITT, J-C. (orgs.), *História dos Jovens I*, San Pablo, Companhia das Letras, 1996.

PÉREZ ISLAS, J., "Visiones y versiones. Jóvenes, instituciones y políticas juventud", en MARTÍN-BARBERO *et al.*, *Cambios culturales, desafíos nacionales y juventud*, Medellín, Umbrales, 2000.

PÉREZ ISLAS, J. & VALDEZ, C., "La juventud en México. Nomadismos en fuga", en PÉREZ ISLAS *et al.*, *Nuevas miradas sobre los jóvenes*, México, INJ, 2003.

PINHO, O. "'A vida em que vivemos': *Raça, genero e modernidade em Sao Gonçalo*⊠, Revista de Estudos Feministas*, Florianópolis, UFSC, 2006.

PUIGGRÓS, A. (org.), *En los límites de la educación. Niños y jóvenes del fin de siglo*, Rosario, Homo Sapiens, 2001.

REGUILLO, R., *Emergencia de culturas juveniles. Estrategias de desencanto*, Buenos Aires, Grupo Editorial Norma, 2000.

REIGADAS, M., *Entre la norma y la forma. Cultura y política hoy*, Buenos Aires, Eudeba, 1998.

ROJAS, E., *El hombre light: una vida sin valores*, Madrid, Ediciones Temas de Hoy, 1998.

RUITENBEEK, H., *El individuo y la muchedumbre. Identidad y sociedad de masas*, Buenos Aires, Paidós, 1999.

SÁENZ, A., *El hombre moderno. Descripción fenomenológica*, Buenos Aires, Ediciones Gladius, 1999.

SAINTOUT, F., "Construcciones de la juventud en el cruce de los siglos", *Revista de la Facultad de Ciencias de la Comunicación UNLP*, año 4, núm. 34, 2005.

SALTALAMACCHIA, H., "La juventud hoy: un análisis conceptual", *Revista de Ciencias Sociales*, Puerto Rico, Universidad de Puerto Rico, 1990.

SANDOVAL, M., *Jóvenes del siglo XXI: sujetos y actores en una sociedad en cambio*, Santiago, UCSH, 2002.

SCHNAPP, A., "A Imagem dos Jovens na Cidade Grega", LEVI, G. & SCHMITT, J-C., (orgs.), *História dos Jovens I*, San Pablo, Companhia das Letras, 1996.

SETTON, M., "Família, escola e mídia: um campo com novas configurações", *Revista Educação e Pesquisa*, San Pablo, vol. 18, junio-julio de 2002.

SILVA, E. & GUERESI, S., *Adolescentes em conflito com a lei. Situaçao de atendimento institucional no Brasil*, IPEA, Brasilia, agosto de 2003.

SIMMEL, G., *Cuestiones fundamentales de sociología*, Barcelona, Gedisa Editorial, 2002. [Texto originalmente datado de 1917].

SOARES, D. & BILL, M. V., *Cabeça de Porco*, Río de Janeiro, Objetiva, 2005.

SPOSITO, M., "Um breve balanço da pesquisa sobre violencia escolar no Brasil", *Revista Educaçao e Pesquisa*, San Pablo, vol. 27, núm. 1, junio-julio de 2001, pp. 72-96.

SPOSITO, M., *Juventude e escolarizaçao. Estado do conhecimento 1984-1998*, Brasilia, INEP, 2002.

SPOSITO, M., *Os jovens no Brasil. Desigualdades multiplicadas e novas demandas políticas*, San Pablo, Açao Educativa, 2003.

SZULIK, D. & KUASÑOSKY, S., "Desde los márgenes de la juventud", MARGULLIS, M., *La juventud es más que una palabra*, Buenos Aires, Biblos, 2008.

TERAHATA, A., *Sentidos de participaçao e autoridade: um olhar sobre uma experiencia comunitária. Tese de Doutorado*, Departamento de Psicología, PUC-SP, 2008.

TOURAINE, A., *Crítica de la modernidad*. Buenos Aires, Fondo de Cultura Económica de Argentina, 1994.

TOURAINE, A., *¿Podremos vivir juntos?*, Buenos Aires, Fondo de Cultura Económica de Argentina, 1999.

TOURAINE, A., Un nuevo paradigma para comprender el mundo de hoy, Buenos Aires, Paidós, 2006.

TRACTEMBERG, M., "A contribuição de Freud para o esclarecimento do fenômeno político", *Revista Pro-Posições*, FAE-Unicamp, vol. 16, núm. 2, mayo / agosto de 2005.

URBIETA, M., "Nociones de juventud", *Revista Última Década*, Viña del Mar, CIPDA, núm. 18, 2003.

URRESTI, M., "Paradigmas de participación juveniles: un balance histórico", en BALLARDINI, S., *La participación social y política de los jóvenes en el horizonte del nuevo siglo*, Buenos Aires, CLACSO, 2000.

WEBER, M., "A ciência como vocação", *Três tipos de poder e outros escritos*, Lisboa, Ed. Tribuna da História, 1919/2003.

WEBER, M., *Economía y sociedad*, México, Fondo de Cultura Económica de Argentina, 1922 / 2005.

YUNES, J. & ZUBAREW, T., "Mortalidad por causas violentas en adolescentes y jóvenes: un desafío para la región de las Américas", *Revista Brasileira de Epidemiologia*, vol. 2, núm. 3, 1999.

ZIZEK, S., "Multiculturalismo o la lógica cultural del capitalismo multinacional", en Jameson, F & Zizek, S., *Estudios culturales. Reflexiones sobre el multiculturalismo*, Buenos Aires, Paidós, 1998.

SOBRE LA AUTORA

Rosane Castilho es docente estable de grado y posgrado en la Universidade Estadual de Goiás (Brasil). Graduada en Psicología –Universidade Católica de Goiás (Brasil)– y Doctora en Educación –Universidad Catolica de Santa Fe (Argentina)–, actúa como investigadora en la línea Juventudes Contemporáneas.

E-mail: rosanecastilho@ueg.br

www.ingramcontent.com/pod-product-compliance
Lightning Source LLC
Chambersburg PA
CBHW020609270326
41927CB00005B/253